紫微斗數不再玄

心一堂當代術數文庫 星命類

犁民 著

書名：紫微斗數不再玄
系列：心一堂當代術數文庫．星命類
作者：犂民
編輯：陳劍聰

出版：心一堂有限公司
地址/門市：香港九龍旺角西洋菜南街5號好望角大廈10樓1003室
電話號碼：(852)6715-0840
網址：publish.sunyata.cc
電郵：sunyatabook@gmail.com
網上書店http://book.sunyata.cc
網上論壇http://bbs.sunyata.cc/

版次：二零一七年五月初版
平裝

定價：港幣　一百三十八元正
　　　新台幣　五百五十元正

國際書號　978-988-8317-39-4

香港及海外發行：香港聯合書刊物流有限公司
香港新界大埔汀麗路36號中華商務印刷大廈3樓
電話號碼：(852)2150-2100
傳真號碼：(852)2407-3062
電郵：info@suplogistics.com.hk

台灣發行：秀威資訊科技股份有限公司
地址：台灣台北市內湖區瑞光路七十六巷六十五號一樓
電話號碼：(886)2796-3638
傳真號碼：(886)2796-1377
網絡書店：www.govbooks.com.tw

中國大陸發行 零售：心一堂書店
深圳地址：中國深圳羅湖立新路六號東門博雅負一層零零八號
電話號碼：(86)0755-82224934
北京地址：中國北京東城區雍和宮大街四十號
心一堂官方淘寶：sunyatacc.taobao.com/

紫微斗數不再玄

自序（一）

斗數令人感到奇妙和神秘的地方在不需要很多數據便可以預測人生。很多人會問：「可以相信這樣的推測嗎？」這一本書會從現代學理探討這個問題。

過去的斗數研究以命定論為基礎；人生的經歷是既定的。斗數是一種「術」；使用的時候只要將出生時間代入公式便可以計算出人生的變化。有些作者甚至認為斗數是萬能的，甚麼事物都可以推算，又一定準確；推算的時候對事物又胡亂加上因果論斷。所以斗數論命也常常惹來不科學、導人迷信、推銷宿命等的批評。這也是現代人對斗數感到不自在的地方！

斗數在這本書只是一種週期現象的研究，是古人在紛亂的人生摸索變化規律的知識和方法。斗數以農曆紀時紀事。過去的記錄顯示有些人的人生出現相似的變化週期。推算的基本道理在相同類別的人中，以前人的記錄，猜測現在的人的變化。這一種推測方法有「準確」成份，但說它一定準確是過分的期望。談玄述異的斗數是在週期現象的基礎上，加上個人的預感、直覺、社會經驗和推理等產生。學習斗數的人士不一定有這些條件！雖然如此，這不等如斗數沒有一般人稍加學習便可以理解、掌握和應用的部份。斗數不是科學理論；推算只是說：人生可能會在某一個時間出現某一種變化；談的是「概率人生」。現代人以理性主導人生。研究斗數有助於為可能出現的人生變化作好準備！

這本書沒有編排命盤的表格、星曜的意義、格局的演繹、說明推算方法的案例，更沒有江湖秘技。這裡也不談門派，因為筆者假定門派的研究都是從週期現象開始，分別在分析人生現象的方法。書中只是以現代人的概念和架構，說明斗數推算的原理，解釋人生現象的方向，和怎樣在現代生活中使用；重點不在推算方法，而在推算的知識基礎。推理和現代概念會令好些人感到不自在。抱歉！筆者只是求真，不是求準，希望讀者也如是。

很多作者常常說研究斗數要回到古籍。這恐怕並不足夠。筆者無意貶低前人的著作，只是學習斗數的人士談創富的時候，不能夠期望始創人陳希夷也讀過《窮爸爸，富爸爸》！書內引入不少有助於將古人的研究與現代人生接軌的分析架構。筆者只希望書中的分析能夠讓讀者從另一個角度了解斗數，同時希望能夠拋磚引玉，集思廣益，讓研究斗數成為一種具備現代知識基礎的文化修養。有人認為這不是斗數的核心。筆者無意爭辯，故以犂民（layman）自居。

犂民
悉尼

自序（二）從研習到出版

一般人研究斗數的重點都在推算方法，也想當然地認為斗數經歷了十一個世紀仍然存在，預測人生的能力也無需置疑。筆者不反對這一種說法，但認為現代人研究和學習斗數不可以知其然而不知其所以然。很多過去對斗數的批判也源於此！這本書的內容在以現代人的理論說明斗數推算的道理。它是筆者餘暇的努力，在研究過程中搜集了很多不同的說法，點滴積累，再經分析，批判和整合才總結出來。坊間這一類書並不多見。筆者有見於此，同時在人生路上，體驗到斗數的獨特功能和對人的幫助，才決定編纂出版。

研究斗數的人都有一定的心路歷程才會誘發寫作動機。筆者接觸斗數是七十年代末八十年初的事。那個時候有些書店還將掌相命理書籍放上「修養」一欄。筆者第一本買入的書是張開卷的《斗數命理新編》。它的吸引力不在書中的內容，而在序言，說斗數是基於統計，從歸納到演繹推論的星命學；同時出生的人有不同的人生際遇的道理就好像同樣的種子在不同的土壤萌芽般，成長過程和結果當然有所不同。這早期反宿命的看法好像很有道理。不過，筆者感到書中內容難以明白而將之擱下。

第二本買入的書的名字己經忘掉，只記得內文用白話編寫，比較容易明白，而內容最特別的是用打分顯示運氣強弱。打分是量化運氣的方法。筆者到現在仍然沒有辦法替「運氣是不是可以用打分的方法量度」的問題找到一個滿意答案。這一本書後來給一個自稱是「透派」的朋友拿走了。他說書的內容是斗數外傳日本倒流的。筆者那個時候才知道斗數有很多不同的門派。

八十年代初期，坊間漸漸多了如慧心齋主的《斗數新詮》等將斗數排盤方法表格化和星曜賦性以白話詮釋的現代書籍。《十八飛星策天斗數全集》，《陳希夷斗數全書》等過去的書籍得到重新編印和修訂。

一九八四年很偶然地跟了一位學長跑去上斗數的課。老師姓談。那段時間是正式的啟蒙學習。最令人難以忘懷的除了晚上十一時後才上課外，是老師推廣斗數的魄力，認真的態度，對人生的教誨，和一起學習的朋友的熱忱！筆者只學習了編排命盤和星曜性質等便趕赴國外深造。這位老師後來出版了很多書。筆者不敢叨光，故隱其名。筆者研習斗數只是興趣，印行這一本書是有感於老師的啟蒙和薪火相傳的期待。先此聲明：本書主要內容並非老師教授。如有錯誤，文責自負，與老師無關。

啟蒙學習引發了好些非常基本的問題：一是老師的門派認為出生時間要調整為洛陽時間。這牽涉到編排命盤的基本理論和知識，也引伸到斗數的「時間」究竟是甚麼的問題。命盤又是甚麼角色？另一個問題是先有星曜還是先有星曜的性質？如果是先有星曜，那星曜性質便是從觀察中歸納，也多了人對現象的主觀演繹！星曜性質有沒有研究支持？斗數的推算能力從甚麼地方而來？又可不可以相信？有些筆者的朋輩認為這些問題是「踢斗數的館」！筆者帶著很多問題去學習，又帶著更多的問題匆匆忙忙離開，趕赴出國完成學業。這些疑問後來都成了本書的骨幹。

筆者旅居學習的時間不長，但身在異地，人事變遷很大而每多感觸；有時會想：人生有多少決定是自己可以操控的呢？又有多少是形勢促成的呢？選擇在人生又承擔甚麼角色呢？回看命盤的遷移宮，大限流年都受到星曜的化祿催動。這是偶然的巧合，抑或是命運真的有跡可尋？

筆者回到香港後，發覺坊間多了很多作者以山人、居士、齋主等為名的書。他們的書充滿「命理」一欄。很多書都有值得參考和學習的地方，但亦有些誇誇其談，將斗數傳奇化和神話化，說斗數可以推斷那些細小事項，如何神妙，讓人以為人生不論大小事情都是既定的，也可以推斷的，在斗數本來已經神秘的面紗上，塗抹上命定的色彩。

這一個時期多了不少朋友學習斗數。他們找尋名師指導，致力鑽研特別的星曜組合訊號，邏輯推理等，希望能夠提升演算功力。筆者多了這些刺激，也跟著他們認真起來，儲存命盤研究；但礙於資質和時間，推演段數不高，研究斗數也只在解決心中的疑問和想知道人生的周折會不會在命盤反映出來。筆者那段時間正面對人生另一次轉折——移居海外。遷移宮又有星曜化祿盤踞，多湊巧！也好像在說自己是一個很好的研究對象！

那個年代學習斗數有兩個問題：（一）學習斗數仍然被視為迷信。較有現代學養的研究人士不多，以現代學理探討斗數的出版更少。大部份斗數書籍的內容停留在解釋和演繹古籍。（二）斗數只是業餘愛好，一般圖書館沒有術數書籍分類和儲存。香港出版不多，很多書都從台灣引進。研究人士能不能夠在坊間找到需要的書便要看運氣了。還好不少大師在八十年代中到九十年代中，整理古籍，甚至將私人珍藏，門派秘本等印行，與大眾分享研究心得，鼓勵讀者以積極面對人生的態度學習和研究，斗數愛好者才可以有較多有素質，有系統的著作參考。遺憾的是坊間的出版還是談技術的多，理論的少！

尋尋覓覓，轉瞬間就很多年了。筆者相信這期間研習斗數的心路歷程與很多朋友很相似：開始是好奇，想知道斗數是甚麼東西；將信將疑的再想知道自己的命運會怎樣，甚麼時候會有晉升機會和交上女友……。到覺得自己的命盤沒有甚麼好看便看別人的，猜猜別人在甚麼時候會有轉變，那一年財運較好，那一年工作會有問題；還好在猜中的多，不中的少！猜中的成功感令人興奮，努力向前。遇上好朋友交上了惡運又會感到無奈，替他難過。

筆者這一代總算受過實證主義洗禮，分析事物在個人感受外，會理性地對所觀察的事物作出反省和批判；對經常猜中的現象會問自己：猜中是因為運氣好，還是因為斗數能夠準確地描述命運呢？要排除運氣的因素便需要科學化一點，按理論作有系統的資料搜集，再以統計分析。

「說比做容易」！忙於工作又過了幾年。這是業餘愛好者做研究有心無力的實況。筆者真正深深感到需要認真考究斗數是老同學來訪之後的事。這位老同學是一位尋解導向治療大師，也有興趣研究命理。筆者常想：斗數可以讓人明白人生起落有一定的規律。如果接受輔導的人士知道「壞運」會在甚麼時候過去，會不會樂觀一點面對將來呢？這位老同學很坦白地說，「運只是論命的說有！即使有，又憑甚麼可以相信斗數的預測呢？」他的回應直指斗數的核心問題——缺乏證據基礎和清晰的說明。

那即是說，斗數的知識和理論必須現代化和科學化才可以用來幫助人而不流於「迷信」。現代化的意思不只是將古人的說話用白話說出來，再加上一點意見，而是落實結合現代知識進行研究。現代科學談邏輯實證。斗數不是科學。科學化也只在研究的態度上要以經驗為依據，邏輯為工具，再以統計修正結論。

相信談斗數現代化和科學化最多的書籍是台灣的《現代紫微》系列。這套書有非常多值得參考的地方，尤其是許興智教授的文章。過去幾年，網上亦出現不少非常精闢，有見地，理論性強的短文。筆者從中獲益良多。可惜的是這一類書籍和網上的作品比較零散，缺乏焦點和整體結構的說明。

這本書只是東施效顰，在沒有被充份討論的部份略盡心力。斗數的知識範圍延伸很廣，書的內容當然也只能夠以筆者的認識為界限。筆者認為斗數的核心是一個記錄人事特性，提供資訊的系統。這書以此為起點，也以此為焦點，再以現代知識和理論追溯古人的構思，分析這個系統的發展。

斗數的架構從開始到現在都沒有改變。很多使用人士在架構上加入自己或所屬門派的演繹，使推演方法五花八門，範圍更廣，也增加了斗數的隱秘成份。推演方法雖然不是本書的範圍，不過筆者相信這本書的分析方向對今日既談方法，也談原理的朋友會有一定的幫助。

有位幫忙較對的朋友取笑筆者說，「八十年代出現了一批作者將古籍更新，推行斗數的『白話文運動』。九十年代又有些作者打著賽先生（Science）的旗幟去分析斗數。有趣的是到零零年代仍然有很多同治年代的書籍出版。今天這本書卻脫離了時代，像攪『大躍進』！不怕陳義過高嗎？」

「大躍進」在經濟效益上不是一個成功的運動，但在精神文明上卻不無前進的意義！筆者研習斗數多年，推演功夫不甚了了，不像有些專家般打開命盤便可以說出大小不同的人生事項；更不敢不顧斗數預測對人的影響，胡亂推算，故只在親友小圈子研究自娛。

這一本書不是推測每年運氣的書籍，不太易讀！筆者只希望能夠從現代人的角度說明斗數的性質和推算能力的來由，和與喜歡斗數的朋友分享在有限資源下的研究方法；更希望書的內容能夠加強理論與實務的結合，將一直被列為「術」的斗數，帶入「學」的殿堂，重歸「修養」一欄，發揮助人的功能。

能夠完成這本書要感謝很多朋友：沒有江志華、梁婉儀夫婦無間的支持和鼓勵，這本書可能還在娘胎裡；還有袁素青，陳國祥和鄺偉才等幫忙審閱，初稿可能還沒有完成。研究斗數在橫切分析外，必需跟蹤個案，進行縱向調查。筆者最感謝提供命盤與筆者分享人生的親友；沒有他們的人生經歷這一本書也不可能寫出來。

斗數十年才一限，研究需要很長的時間才可以作出較有意義的歸納和分析。只望薪火相傳，後有來者！

犂民
悉尼

第一章　導言

為甚麼斗數能夠推測人生變化？斗數是不是不科學？怎樣使用斗數才可以不流於迷信？斗數推算人生究竟有多大的說服力？今天學習和研究斗數的人都有豐富的現代知識，也多了這一類問題。這一本書也從這些問題開始。

玄的起源

中國的曆法以六十甲子為週期。同樣時間出生的人會重覆出現。古人很早已經發覺同樣時間出生的人的人生會出現相似的變化規律。他們便以從前的人的經歷預測現在的人的人生變化。八字，果老星宗等是早期的研究①。斗數出現比較晚，但與它們一樣，被人列入「玄學」範圍。現代人的「玄學」研究時間和空間的變化規律與人生變化的關係。斗數也是這一類研究，特別的地

①八字相信在東漢末孕育，唐初成型。八字的歷史參考書籍較多。果老星宗（又稱七政四餘）相傳是斗數的前身，以唐代道士張果老為祖師。斗數相傳在北宋為陳希夷所創。（當然，這都是托古。）斗數的歷史發展較為神秘，但基本結構由開始到現在都未有改變。

方在使用農曆與星圖。

斗數的「玄」主要來自研究的信念和方法。古代的命理學家認為時間統攝大自然與人生的變化規律。他們相信時間對人生變化有決定性的影響，也相信變化規律是普遍性的現象。這也是過去的斗數令人難以明白的「玄」的部份。對現在的研究來說，變化規律只是部份人士在記錄上的偶合。為甚麼這樣的偶合會出現並未有充份的解釋。「規律」只是從經驗產生的信念。最要的是在現在的研究中，時間本身並不是直接影響人生變化的因素。人生變化另有人事上的因果；而個人的意願在人生變化和現象有一定的影響。

信念影響研究方法。在時間統攝人生變化的假定下，斗數以星圖上與時間相對的星曜記錄人事，進行研究。古代的命理學家研究知識的方法與現代人的不同，也不容易理解。現代人以抽象的概念了解事物。「抽象」是抽取事物的特性、特徵作為認識事物的基礎，也從特性和特徵了解事物之間的關係。這一種方法是現代知識和理論發展的基礎。古人以比喻和象徵將各種形狀相似，情景相關等的人生事物歸類。五行，八卦便是他們整治知識方法的典型。這一種歸類方法經常出現一詞多義，界限模糊；事物關係包含未被了解的假定。古典斗數仍然沿用類似的方法整理人生現象的觀察：星曜被賦予多重意義；使用上需要使用者主觀的演繹和詮釋；研究方式局限於命定的因果思維，不足以理解和分析現在的人生現象，也難與今天的學理接軌。儘管如此，這不等如古人的研究結果沒有參考價值和啟發性：不容否認的是古人從事物的相似性和相關性發現了事物的變化規律！

離開「玄」的解說

今日的斗數並沒有離開過去研究發現的變化規律，只是在解釋人生現象上不再堅持古法：過去的斗數以五行、易理、個人特性等解釋人生現象。這一類解釋方法在使用上需要主觀演繹和詮釋，但未能夠充份說明個別差異的由來。

對今日的研究來說，斗數仍然是一個預測人生變化的模型，提供人生變化信息的系統。將斗數當作信息系統實際上回到從觀察開始研究。現代人的研究在信念上多了自由意志的元素，個人意願也是個別差異的由來；對人事的解說也離開了命定論和自然規律。

知識更新

過去的斗數是「玄」的學問；不再「玄」的時候是甚麼呢？近代的作者多將斗數看作一種天文學、地理學、數學、統計學，加上邏輯和普通常識的綜合研究。他們以知識的內容將斗數歸類，但簡單的表述對研究的指引性並不足夠。

筆者認為斗數的綜合知識可以分為三個主要部份：一是結構上的，包括曆法和人事的規劃等，也是用於記事和預測的基本架構。這些範圍需要較現代化地說明才能夠使人明白週期信息產生的原理，和時間與命運的關係。

二是應用性的，主要用於記敘、分析和理解人生現象。這部份是開放的，內容由研究和使用的人士選取。現代社會科學理論對人事因果有較仔細的論述。它們對人生現象的分析已經包含了自由意志的元素，有助於了解人生現象。現在的斗數已經移植了不少社會科學概念，只是很多學習，研究和使用的人未有這方面的理論基礎。

三是工具性的，主要包括通用的推理，統計，研究方法，分析架構等。它們不屬於特定知識範圍，是很多大專課程的通用知識的內容。過去的斗數從命定論發展出來，事物之間已經存在因果的假定，工具性的知識並非必要的。現代的研究從信息入手，結合歷史記錄，分析和推測人生變化。從週期現象的角度研究斗數，信息本身不含事物的因果假定。需要工具性的知識進行不同層次的綜合分析，建立事物的關係和推演的可信性。

不少現代作者都朝著這個方向發展，只是大部份出版都以推算方法為重點，未有花篇幅從研究的信念開始，說明推算方法的合理性。筆者希望這一本書能夠以今日的學理略為整理和補充。

本書內容

這一本書是為學習斗數的年青人編寫的，重點在學習現代斗數所需要的基本知識。筆者假定讀者對斗數的框架和操作，如編排命盤、怎樣翻查星曜賦性、推算大限、流年等已經有了基本認識，所以這一部份只會簡略說明，不會深入。讀者有需要可以參考其他書籍。

很多人學習斗數的方法是從坊間買一兩本書回家，依照書中的表格編排命盤，然後研究星曜賦性和天盤、大限、流年的批算；批算也只是依書直說，如「紫府坐命會出現甚麼人生局面」，「這個大限要注意甚麼」，「今年是不是創業的好時機」等。他們使用斗數的時候假定書本的內容是「對」的。不過，當他們多看兩本書，深入一點研究的時候，便發覺不同人士從編排命盤到賦性的演繹等都有不同的說法，肯定相同的只有農曆與基本星圖的結構。這是斗數較為客觀的部份。這一本書也以此為申述基礎。

週期現象是這一本書的核心概念。筆者會在第二章回顧斗數從農曆發展出來的結構，說明星圖的緣起，以出生時間將人分類的和週期現象的產生方法。從星圖架構發展出來的推算方法的範圍很廣，不止一本書。筆者只能夠提綱挈領，給讀者研究現代斗數的概觀和嘗試從這本書的角度分析一些自古以來的迷思和爭議，指出斗數在研究方法上的限制。

第三章會分析信念轉變對斗數研究的影響。怎樣理解時間與人生現象的關係影響斗數研究和解讀的方法。早期的斗數受到玄學影響，認為時間決定人生。研究信念在改變中。時間到了今日不再是直接決定人生的因素。這一章會從現代的研究理念和學理說明斗數推算的道理和適用的範圍。希望這一章有助讀者分辨玄學與信息的研究！

命運是斗數的研究對象。古典斗數被命定論壟斷；命運是「已經被決定」了的人生現象。自由意志在過去的文獻中並沒有地位，好像已經被論命者在「趨吉避凶」的口號中「私有化」。命運在現在的研究中多了自由意志的元素。自由意志體現於人生的決定和選擇，也是相同的人生變化規律中個別差異的由來。第四章會探討命運的現代含義和自由意志扮演的角色。這是古法研究未能夠走入的範圍，也是現在的學習人士必須了解的，因為它直接影響斗數的使用。

研究方法影響研究結果的可信性和廣義化的程度。第五章會探討斗數研究的問題，說明斗數推算能力的限制。斗數在這本書只是信息的研究；研究的信念和方法與過去的略有不同，但推算仍然以流傳下來的星曜模式為基礎。模式承載複雜的信息。這一章會略談怎樣整理過去的資料，進行研究。

推算基本上是信息的綜合分析。斗數為人詬病的地方在有些人在整理信息的時候，隨意在事物之間加上因果的連系，又或者任意將人生現象出現的原因歸結於命盤的格局或個人特質。出現這一種現象的原因相信是使用人士未有小心分析事物的關係，混淆信念與人生經驗的層次，和無限擴張個人特質對人生現象的影響。第六章會回顧斗數的事物關係，和說明關係中不同層次的關連。第五章和第六章是研究的基本概念，也是避免走入「玄」的因果思維的知識。希望這兩章對研究現代斗數有點幫助。這也是本書需要讀者仔細閱讀的部份。

斗數以特定的星曜組成的模式推測人生變化。模式比對是推算的基礎。封建時代的命理學家發現有些模式出現，某一些特定人生現象又經常出現；也由此出現了星曜主宰人生的看法。現代的研究中，模式與人生現象的關係未見有必然的關係。那究竟論命的時候，兩者經常出現意味甚麼呢？以模式推測人生現象的方法是不是可以相信呢？筆者在第七章選擇了兩個從數理角度分析模式推算能力的現代研究例子。這一章讀者需要一點統計學的知識才可以完全明白。未有這方面背景的讀者可直接走入討論部份。

斗數去「玄」之後只是一個信息系統。論命基本上在借用它的信息解答入生的困惑，不過，論命的人生要掌握信息的內容和意義，才可以有效地使用。過去的研究將時間與人事捆綁：星曜可以是人的特質（如性格），事的特質，人事的脈絡，人生的狀態，甚至解釋人生變化的概念（如五行），令信息模糊不清。筆者會在第八章嘗試從這本書的角度整理信息的層次，讓人生現象的分析更加能夠結合社會科學的知識。有一點需要說明，週期信息的概念與各個門派的推算方法原則上並沒有衝突，在使用上也不排除加上個人預感、直覺、結合社會經驗等進行演繹。

論命的目的在改善人生。修理理念和人事分析方法只是將斗數古為今用的起步點。論命用現代人的話來說，是命理諮商，一個搜集資料和分析的諮商過程。離開了命定論的斗數，研究的焦點是命盤當事人面對的人生變化；分析需要命盤以外的資料，考慮個人意願，綜合整理事物的關係。這一部份並沒有「公式」可以依循，但有一些可以參考的通用架構。筆者會在第九章會透過資產管理和工作，介紹有助於整合信息的現代架構。現在的斗數多了自由意志的成份。筆者希望在說明整理信息的方法外，也說明命運的可塑性。社會科學的範圍很廣，筆者在這裡只能夠略舉例子說明。

附錄

附錄主要為補充書中的內容，為免行文累贅放在書後。附錄（一）是筆者跟朋友的命盤解讀交流，重點在說明命理資訊的作用：論命的目的並不止於趨避可能出現的人生風浪，而在過程中怎樣幫助當事人理性地分析當前的形勢，調整相應的心態和步伐才作出人生決定。有人認為這已經是斗數以外的事物。當然，這一部份也不是這書的重點，不過，筆者認為非常重要，所以附上給初學斗數的讀者參考。

附錄（二）是不同推算方法的案例。筆者不是案例的作者；選用案例並不是對原作者有意見，而是他們的分析很容易理解。原作者旨在以案例說明不同的推算方法。筆者只是從這本書的角度，以週期信息加以申述，和在邏輯的問題上略加己見，指出「玄」與信息研究的分別。

編寫與參考

筆者希望這本書能夠讓讀者增加獨立思考的能力，減低依書直說，人云亦云的機會，所以強調研究方法和事物的因果分析，也引入一些今日社會科學的基本通用架構和理論。這一部份的參考資料不在現在的斗數範圍內。書中所載在一般大專程度的教科書，又或在網上都可以找到較詳細的說明，所以在這裡不再詳細說明來源。

書中有很多斗數古籍的賦文。賦文主要來自《陳希夷紫微斗數全集》。（後作《全集》）《全集》有許多版本。這裡選用的是了無居士作現代評註的《清朝木刻陳希夷紫微斗數全集》①。據他考證，這是清朝同治年間重新製作的木刻版，也是現時最古老的。這版本有白話語譯，適合現代的年青朋友。當然，讀者使用時要留意書中的評註與本書的觀點並不完全相同。

本書很多看法的出處因年代久遠，已難查考。筆者用「有人」認為一類字眼說明。書中有些觀點與門派有關，也用同樣方法處理，因為門派的分歧不是研究的重點。書中很多專用名詞的註腳出自網上的百科全書；意在讓讀者在網上再追尋概念的來由。筆者只求方便，文字不中不西，處理的格式不橫不直。希望讀者能夠忍受！

① 了無居士《清朝木刻陳希夷紫微斗數全集現代評註》，台北時報文化出版企業有限公司，第二版，一九九一。

第二章　從時間開始

第一節　引言

大部份斗數書籍都只談推算方法，不談原理；偶然也會有作者嘗試解釋背後的道理，但都只是三言兩語，匆匆而過，又或者將斗數說成一種深奧難解的「玄學」。有些出版更近乎小說和傳奇，誇張了斗數的推算能力，令人難以掌握它的核心。斗數究竟是甚麼呢？

命理學家研究人生，發現人生會出現週期性的轉變，也從記錄總結出可以預測人生變化的方法。斗數只是他們從生活經驗累積的知識。這一種知識並不「玄」，是一般人都可以學習和使用的。學習斗數可以從那裡開始呢？筆者認為最好從時間開始，因為斗數研究人生變化的架構和推算方法都是從古天文學核對時間的方法衍生的。筆者在這一章會從時間說到星圖、命盤、星曜模式、和解讀各個不同層次的關係，希望能夠給讀者研究現代斗數的概觀。筆者假定讀者已經懂得翻查星曜賦性和推算天盤、大限、流年的方法，所以這裡不再討論，而將篇幅放在學習斗數的過程中經常遇到的問題和爭議，尤其是模式與解讀的限制。

第二節　斗數與時間

斗數使用農曆。農曆的名稱在中國大陸比較流行，指農民的曆法。農曆因為月份和年份以月球公轉計算，又稱為陰曆。現在使用的農曆沿用夏朝（約公元前十七至廿一世紀），以北斗星座的斗炳指著寅（東北偏東方）作為一年的開始（正月），故又稱為夏曆。（按：十二地支在古代用來記算時間，也是方位。）農曆在漢朝以前已經出現，到現在仍然有很多人使用；所以這裡不再詳細說明它的結構，只指出對斗數比較重要的影響。

（一）閏月

農曆是一種陰陽合曆。它的日和時辰以地球自轉規劃。月份以月球公轉為依據。年份則結合月球和地球公轉計算，以六十甲子年為循環週期。農曆以閏月協調月球的公轉與地球的回歸年，讓時間計算點回到地球與太陽在回歸年相對的原點，開始新的循環。所以每二至三年便出現一次閏月。一年中的月份會是十二個，也會是十三個。

置閏的年份並不以六十甲子年份為週期。農曆的六十甲子年份和置閏之間的星際運動距離並不確定。斗數出現時期的閏月設置方式並不固定。曆法在清初西方天文學輸入中國後曾經更新，閏月被設定在沒有中氣的月份①。這一種置閏方法雖然比以前較為統一，但並沒有解決農曆在結構上存在不確定成份的問題。

（二）週期與分類

在六十甲子的曆法中，人出生便走入了以出生時間為起點的循環週期。每六十年便有相同時間的人出生。每一個時間的人都是一個類別，有出生時間相對的星空。命理學家用出生時間相對的星空將人分類，再按時序以星曜記錄人生，總結出每一類人的人生會在甚麼時候出現轉變。他們在相同類別的人中，以前人的經歷推測後人的人生變化；也假定出生時間決定人生，而人的個別差異不足以影響六十甲子週期的變化模式。

①為什麼會出現不含中氣的月份呢？中國過去的曆法的一年為365.2425日，分為十二段，每段30.4371日，為陽曆一個月。陽曆每月有一個節氣，一個中氣，分別在每個月的第七日和第二十二日前後。陰曆每個月為29.5306日。每年十二個月陰曆比陽曆短少10.8113天。短少的天數需要根據陽曆調整，把少了的天數加起來做為閏月。正常的月份裡，每月應該有一個節氣，一個中氣。由於陰曆每月比陽曆每月幾乎少了一天，每積累三十個月左右，就會出現一個沒有中氣的月份。這個沒有中氣的月份被定為閏月，附屬於前一個月。（資料來源：維基百科）

第三節　時間與星圖

曆法上的時間在日月交替，星空轉移中體現。時間與星空相對。星圖是特定時間的星空。為甚麼命理學家會用上星圖研究人生仍然是一個謎。有人認為這一種方法源自西方占星學。這一點已難考證。從現存的星圖結構和星曜編排的形式來看，筆者相信他們借用了古天文學以星圖核對時間的技術，將星圖設計成人生軌道，發展出以星曜推算人生的方法。當然，這裡只是按理推測；無論推測是對與否都不影響今日的研究。

（一）古天文學的星空

一回歸年的星空是循環的：以地平為坐標的觀察中，除了北極星（紫微）外，日月星辰因為地球軸心傾斜，會在不同方位循環出現。（按：北極星在現在的天文學中會動，只是動得十分緩慢，也會由其他星曜取代。）斗數借用的並不是現存常見的古代石刻般，將立體星空佈置在平面的星圖，而是以黃道為坐標的佈局。這一種佈局以十二地支宮位象徵天球黃道，在方位上以子午為南北，時間上在地支上加上天干，與計算時間的干支相對應；佈置星曜以時間定點，安放在與北極星（紫微）相對的十二地支的方位上。命理學家選用了標誌時間和季節的南斗、北斗、太陽、月球等星曜①。這些星曜在天球黃道上循環出現。

（二）斗數的星圖

斗數的週年星空可以在很多書本中的紫微從子到亥的星圖表格看到。星空中的星曜是循環對稱的。農曆在年中的月份，和月份中的日數並不固定，製作不到這樣的星圖。斗數的星圖相信是來自干支曆一回歸年的星空。干支曆很早已經出現。它是以天干地支六十甲子記算年、月、日、時的太陽曆。干支紀月法的「月」不是農曆或西曆的月，而是與二十四節氣相對應，相等於兩個節氣的移動距離的一種特殊的「月」。一回歸年十二個干支月的星空是循環對稱的。

要了解斗數的星空需要追溯到納音和律呂紀月法。古時只以地支紀月。到先秦時期，律呂紀

① 基本星曜。斗數的基本星曜包括十四主星、六吉六煞。十四主星指紫微、天府、廉貞、武曲、天相、七殺、破軍、貪狼、天機、太陰、天同、天梁、巨門和太陽。簡寫作紫、府、廉、武、相、殺、破、狼、機、月、同、梁、巨、日。六吉指左輔、右弼、文昌、文曲、天魁、天鉞。簡寫作輔、弼、昌、曲、魁、鉞。六煞是火星、鈴星、擎羊、陀羅、地空、地劫。簡寫作火、鈴、羊、陀、空、劫。後同。十四主星有分南斗與北斗。星曜名字都是古天文學的名稱。這一部份讀者可以參考其他書籍。

月法出現①。這種曆法將農曆的序數月按地支納入一回歸年的十二個干支月。將序數月按地支納入干支月是「十二地支納音」的部份。「納音」相傳在戰國時出現。研究玄學的人士經常將戰國的鬼谷子當作它的始創人。這當然是托古。納音是指「依照某種原則和計算方法將五音、十二律呂納入以干支、五行等為紀曆標誌的中國傳統曆法體系。」②它的內容實際上是將音律、干支、五行、月令、方位、河洛之數等納入中國曆法，以時間統攝各種不同變化模式的模型。納入的方法各有不同的依據。將序數月按地支納入十二個干支月以古曆法觀察星曜位置，確認時間為依據。

①律呂紀月法。律呂紀月法是用古代音樂方面的律調名稱來紀月的方法（見下）。在漢朝時期曾被廣泛應用。

②唐繼凱《黃鐘．納音原理初探》，武漢音樂學院學報第二期，二零零四。讀者想深入研究，可以再參考：唐繼凱《交響——西安音樂學院學報．中國天文曆法與律呂之學》，二零零九年九月第十九卷第三期。

納音中，天干、地支、六十甲子各有系統。月令在地支部份。下面是作者據《呂氏春秋》、《史記》、《漢書》、《淮南子》等典籍的記載整理出來的十二地支納音表。

地支	律呂	五行	月令	方位	律數	類比律名	洛書之數
子	黃鍾	水	十一月	北	81	C	一
丑	大呂	土	十二月	東北	76	#C	八
寅	太簇	木	正月	東北	72	D	八
卯	夾鍾	木	二月	東	68	#D	三
辰	姑洗	土	三月	東南	64	E	四
巳	中呂	火	四月	東南	60	F	四
午	蕤賓	火	五月	南	57	#F	九
未	林鍾	土	六月	西南	54	G	二
申	夷則	金	七月	西南	51	#G	二
酉	南呂	金	八月	西	48	A	七
戌	無射	土	九月	西北	45	♭B	六
亥	應鍾	水	十月	西北	42	B	六

這裡有一點需要考究的：現在的起紫微表中，星曜按干支月和三十日排佈；計算起來只有三百六十天，並不是一個完整的回歸年。有研究人士認為三十日原是三十度①。是源自《黃帝內經．素問》中的「日行一度」。「度」是古天文學計量日月星辰運行距離的單位。十二地支與三十度的結構是以地球為中心的球體觀察模型。日月星辰在天球模型的投影每日都有不同的位置；一回歸年會出現循環對稱的排列。

干支月以六十甲子為週期。十二地支納音中，序數月與干支月會出現日數比差，在六十甲子週期會出現五組變化：序數月分別以二至六日走上干支月。斗數以水（二）、木（三）、金（四）、土（五）、火（六）將五組變化命名，叫作五行局，而局中六十甲子月份的星曜排佈是固定的。現在的「起紫微表」記載的是五行局的星空排佈方法，而局中的水、木、金、土、火被稱為「納音五行」，有別於常見的「五行」。按：有些斗數書籍會提到干支月的六十甲子納音②，也以六十甲子納音將人分類。這本書中，六十甲子納音與斗數的星空並沒有直接關係。

①直言了《納音逢解密，希夷當入冊》(http://zhiyanle.blog.he un.com/35258674_d.html)，二零零九。讀者需要注意的是本文中的納音的概念是以時間統攝變化的模型，與作者將納音當作核對時間的方法略有分別。

②六十甲子納音。唐繼凱同上。這部份的納音要追溯到揚雄《太玄經》的數理機制，也是有些斗數書本中決定六十甲子納音五行的「取數」方法。

干支月編製的星圖未有月球軌跡的成份。漢朝時期，研究天文的人士已經發現了月相的朔望盈虧在干支月份中的變化規律。他們將月相的變化配以天干，標以方位，總結出月相納甲法①。命理學家也借用了這一個系統，以祿權科忌佈置在星圖上星曜，標誌月份的月相變化，稱之為「四化」②。

---

① 月相納甲法。納甲法相傳由西漢京房創立，主要有京房納甲法和虞翻納甲法兩派。京房納甲法將六十四卦分為八宮，配上五行和天干地支，利用它們的屬性來推測人們的命運。虞翻納甲法則是根據月亮在一個月之內的圓缺變化得出的規則。它是一套將月相變化配以天干，標以方位的系統。相信後者是斗數四化的源起。http://baike.baidu.com/view/330741.htm

② 四化。「四化」是斗數從觀察總結出天干週期的變化規律，以命盤上四顆星曜所在的宮位顯示突顯的人生現象。舉個例說，甲年廉貞在事業宮化祿顯示這一年工作或生意會順遂。下面是《全集》的四化星訣：

甲	廉破武陽
乙	機梁紫陰
丙	同機昌廉
丁	陰同機巨
戊	貪陰弼機
己	武貪梁曲
庚	陽武陰同
辛	巨陽曲昌
壬	梁紫左武
癸	破巨陰貪

（三）出生的星空

命理學家借用了古天文學核對時間的方法找尋出生時候的星空。核對的方法是先找到觀察的位置，然後找尋這個位置的星空。《全集》叫這些步驟做「起例」。

在斗數，出生時候的位置就是觀察星空的位置。命理學家叫它做命宮（天盤），意思相信是指「生命出現」的位置。這個位置以月份和時辰設定。在象徵黃道的十二地支宮位圖中，按夏曆，「寅」是農曆一年的開始。斗數設定命宮的方法也從寅開始①；方法是從寅宮順時針一個一個宮位地數至人的出生月份，再在那一宮位起子時，逆數至出生時辰的宮位。這個步驟將序數月納入干支月的星空，再以時辰確定觀察的位置。從今日天文學視運動的角度來說，順逆方向是地球公轉和自轉的軌跡；觀察者以此設定自己在地球上的觀察位置。

五行局的星曜變化模式是固定的。命宮位置的干支由出生年份的天干（五行寅首）決定。從命宮的干支，按出生的日數便可以從起紫微表找到出生時候的星空，月相變化亦可以按天干四化的規律佈上。（參見第三節）現在的斗數有很多星曜，相信是後人加入的，作用已經不在尋找星空。

①從寅開始。這《全集．安身命訣》的「斗柄建寅正月起」的意思。

（四）星空與推算

古天文學出現在天圓地方的時代，很多地方未有清楚說明，只是一個大概，並不精確。斗數以它為基礎發展出來的推算方法也出現不少操作上的問題。這些問題第四節後再討論。這裡有幾點需要特別一提：

古天文學對斗數最重要的影響在以地球為中心的球體觀察模型：模型近乎天文學的天球。時間和空間相對。模型上用來計算時間的星曜投影軌跡是相對固定的，也是命理學家可以按時間進行預測的源起。在時間統攝變化的前提下，讀者在註④表中可以看到同一回歸年內各種不同變化規律在時間上的契合。有些研究在人士以時間連結各種不同變化模式在斗數使用。當然，這一部份已經走入了另一個範圍，與星圖沒有關係。

另一個重要影響是從月相納甲法發展出來的天干四化。天干四化實際上是十進週期的變化。在星圖的結構中，四化是干支月的月相變化，也是命盤上大限的變化。現在的斗數中不論從天盤大限流年流月流日流時，甚至每個地支宮位（宮干四化）和人與人的關係（如太歲入卦）都用上四化。四化已經脫離月相的範圍，成為變化的標誌。相信這是後人從四化總結出天干（十進）的週期變化規律，再將規律廣義化的結果。

很多人從四化聯想到月球軌跡對人生變化的影響；解釋人生現象也出現「重陰輕陽」一類說法。月球與地球一樣對大自然和人們的生活有一定的影響，只是影響有多大，有多直接等需要小心研究和分析。第六章再談這一種事物關係。

斗數六十甲子的時間模型包括地支週期，所以可以兼容地支的週期信息。相信神煞一類以地支為週期的星曜是在這基礎上引入的。

第四節　命運的軌道

斗數以出生的年、月、日、時塑造透視人生的時間軌道，將星圖規劃成記錄和推算人生變化的工具——命盤。命盤以十年（大限）和一年（流年）作為時段。按：斗數在時限上還有月、日、時。這部份的研究缺乏足夠文獻支持，故不予討論。很多朋友都認識命盤上的設定。這裡也不再詳細說明，而多談天盤，大限和流年在設定和操作上的爭議和問題。

（一）時間定點

命盤操作以時間定點。命宮是定點位置。在六十甲子循環不息的在十二個地支宮上，天盤命宮是人生開始的位置，用來觀察人生概況。上面已經說過設定天盤命宮的方法。大限用來觀察每十年（內）的人生變化。大限軌道由天盤命宮為起點，按起運歲數，十年一宮，陽男陰女順行，陰男陽女逆行。軌道上每十年的宮位便是那十年的大限命宮。斗數以大限命宮的天干四化顯示限內突顯人生現象，以觀察年份（流年）的天干四化走入大限的人事宮位顯示大限中個別年份的突顯現象。流年用來觀察一年（內）的人生變化。它是以出生年的地支相對的地支宮位，一年一宮前進的軌道。觀察年份的地支宮位便是流年命宮，如觀察丙申年，申宮便是流年命宮。斗數以流年的天干四化走入當年的人事宮位顯示年中的突顯人生現象。

出生的宮位（天盤）。出生時間影響命宮的位置。出生是過程，有不確定的成份。出生時辰到了近代才可以較為確定，但仍然有很多未能解決的爭議：

出生時間。一般人以出生地時間計算出生時間（時辰）。有人認為出生時間需要以中原（洛陽）為原點計算。以洛陽為原點的意思指如果不在洛陽時區出生，需要調整出生時間為洛陽時間。舉個例說，悉尼（112.45°E）與洛陽（151.21°E）在時區上相差大約兩小時。在悉尼寅時出生的人需要減上兩小時編排命盤，也即是用上洛陽丑時的命盤。命宮由出生月份和時辰決定。改變出生時辰改變了命宮的位置，也改變了人的類別。

調整出生時間並不是始於斗數始創人，因為時區的概念在那個時代尚未出現。筆者相信這一種想法出現主要因為有人認為斗數在洛陽開始發展（按：有待考證），預測的模型也以洛陽時間定點，作為預測基礎的記錄也從這模型衍生。這個模型產生的預測是洛陽的A時間會出現X現象。在洛陽以外的時區，只要將時間折算為洛陽時間A，A與X的關係仍然存在，而以A預測

X。這一種想法源自以為時間是促成人生現象的因素，假定A與X的關係是既定的「規律」，不同時區與洛陽時間上會出現對等的類別（悉尼寅時與洛陽丑時是對等的），也假定過去的記錄適用於另一個時區的文化生活。是否需要折算時間的問題需要從研究的信念開始，分析時間與人生現象的關係，斗數預測能力的來源，古籍記錄的有效性和可信性等。這些都是本書的內容。結論就讓讀者讀完本書後作出吧！

這本書的研究從週期現象開始，並未設有不同時區存在對等類別和A時間會出現X現象等的假定。以時間將人分類和週期現象的研究方法並沒有地域限制。斗數的研究架構是通用的。不同時區都同樣有十、十二和六十進的週期變化。變化的範圍和內容會因為地域文化而異。古人（中原時區）流傳下來的人事記錄也不一定適用於其他時區的人士。

另外，在出生時間上，有人將出生時辰再細分，多加了時辰首十五分鐘和時辰末十五分鐘兩類。命盤也多了兩種不同的編排方法。對週期現象的研究來說，這只是多加兩個類別。假如所有人都使用同樣的方法記錄人生現象，分類方法不一致雖然增加研究困難，但不會影響歷史資料的可信性。假如流傳下來的資料不是以同一種方法記錄，資料是否適用會是問題。當然，提出主張的人士可能另有研究資料。這已經是本書以外的討論。

一日分界。一日分界到目前仍然未有統一的看法：有人以23:00劃分；也有以24:00作為一日的開始，再將一日的子時分為前子時（0:00-1:00）和後子時（23:00-24:00）。一日的分界影響月和日的分界；前者影響命宮的位置，而後者影響星曜的排佈。贊成0:00分界的人士在爭議中經常拿出歷史依據，如唐李淳風在《新唐書．曆表》中「古曆分日，起於子半」，說明一日分界的來由（按：子半的意思是子時的中點）。不贊成的認為這些歷史依據並不是斗數本身的文獻。前後子時不在同一延續空間，不符合時間與星圖的延續性結構。研究方法上也未有考慮分類一致性的要求。

對週期現象的研究來說，前後子時也只是在分類上多加一個類別。斗數流傳下來的資料並未有說明過去的記錄方法。假如兩種方法都有人使用的時候，研究便出現可信性問題。這些爭議到目前還沒有結論，因為堅持的人總能夠拿出案例說明自己的方法是對的。

閏月。怎樣推算閏月是斗數的經典問題。斗數將人分類的方法中，閏月之間每個月份都有累積日數差距，到閏月才調整，所以，愈接近月底和閏月出生的人愈受影響。門派之間在操作上各有處理這個問題的方法：有人會將閏四月當作四月，有當作五月，有將閏四月分成上半月為四月，下半月為五月；甚至有將閏四月當作四月，但將按月份編排的星曜如左輔右弼等放在五月等。

實際上，閏月觀察星空的位置可以從閏月之間的日數距離計算出來。計算方法有點複雜，在此不論。簡單一點說，從閏月協調月球公轉與地球的回歸年的方法可以看到閏四月的星空大部份（不是全部）都屬於回歸年中第四個干支月的星空。命宮位置同時受出生時間和月份影響，即使能夠計算閏月的星空並未解決出生時間的不確定性。

《全集》對這個問題有「不準俱用三時斷」的應付方法，意思是如果推算不準確，可以用出生時間的前一個時辰或後一個時辰，再定命宮的位置推算。「三時斷」在處理出生時辰的不確定成份外，也在解決閏月之前的累積日數差距。當然，「三時斷」的方法假定了「準」的存在。有沒有「準」是另一個問題。後面才討論。

到目前，研究閏月與一日分界一樣在方法上仍然缺乏一致性，過去流傳下來的資料會出現是否適用的問題。

流年。流年的「流」並沒有嚴謹的定義，一般指「（觀察）那一年」（也有人叫它太歲，太歲流年等）。斗數推算一年的變化在以觀察年度的地支宮位定點外，亦有人用小限定點——小限也是一年：方法是將人以出生年的地支的「寅、午、戌」，「申、子、辰」，「亥、卯、未」，

「巳、酉、丑」分成四組，分別從辰、戌、丑和未四個宮位起一歲，之後男命順行，女命逆行，一年一個地支宮位。小限的算法主要以地支為週期，可以結合以地支為週期的星曜另成系統。小限起法將人的分類壓縮。這一種方法在週期現象的研究上，影響現象記錄的精確性和信息的可信性。所以，這本書不談小限（按：小限起法另有四墓庫一類概念演繹。要研究小限信息的可信性要先研究「三合一」的理據是否成立。這部份已經不在本書範圍）。

有一點需要特別一提：《全集》談推算流年的篇幅不多，相信推算一年的變化並不是早期重點，而是後來的發展。推算流年當中有些星曜如流年太歲等，與斗數星圖在結構上並不銜接。有人認為它們是移植過來，補充斗數的不足。有些近代作者將星曜的重要性分級的時候，它們被列入丁級或戊級——即不重要。此外有些門派會用上流曜。流曜是在觀察年份才加入的星曜，如流年文昌，擎羊。流曜的用途人言人殊。這本書也不花篇幅在此。

大限。觀察十年變化的大限軌道比天盤和流年的複雜。學習斗數經常會碰到下面的疑問。

起運歲數。大限將十年的人生變化投映在干支月的宮位上。大限有起運歲數。為甚麼會有起運歲數呢？第三節說過，五行局是固定的變化模型。六十甲子月份中農曆月納入干支月有兩日至六日的差距。斗數將走入五行局模型的日數差距定為五行局的「起運」歲數，將一日當作一年相信是因為星曜在星圖一日的運動軌跡近乎一年的軌跡。這一種方法在不同的起運歲數外，亦留下了未起運的歲數——「童限」可以怎樣推算的問題。「童限」的研究未見有統一的研究方法和可信的文獻支持，在此不論。

起大限。大限命宮應該從那一個宮位開始呢？斗數有兩種起大限的方法。《全書》中，大限由天盤命宮前一宮開始。從星圖與命盤的源起，筆者認為《全集》中大限由天盤命宮開始比較能夠切合古天文學的架構。這本書所談都以命宮起大限。

陰陽順逆。大限軌道上陽男陰女順行，陰男陽女逆行。陰陽順逆的排列相信是受到古典陰陽學說的影響。它最令人迷惑的是顯示大限變化的天干四化，順逆方向的反差相當大。從週期現象的角度來說，命盤大限的軌跡是虛擬的，軌道從那一個年齡和宮位開始，向那一個方向延伸都只是分類記錄的格式，不影響從記錄產生的信息的可信性。

（二）人事範圍

斗數將人與環境的事物關係以對象和性質劃分。人事在《全集》中分為命宮、兄弟宮、妻妾宮、子息宮、財帛宮、疾厄宮、遷移宮、奴僕宮、官祿宮、田宅宮、福德宮、和父母宮十二個範圍。天盤的十二人事宮位從天盤命宮逆時針方向按上面的序列佈置。大限、流年都有十二人事宮位，依樣從大限和流年的命宮，以逆時針方向排列；使用的時候先以命宮定點，再從命宮找到相關宮位。譬如說，觀察廿二至卅一歲的事業便先找到卅二至四十一歲的大限命宮，再從大限命宮逆時針方向找到大限事業宮。

十二宮的範圍按時代背景產生，所以記錄的人事也充滿了封建色彩。很多近代作者已經將人事賦性更新，如「官祿宮」改為「事業宮」，「妻妾宮」為「夫妻宮」，「子息宮」為「子女宮」，「疾厄宮」為「疾病宮」，「奴僕宮」為「友僕宮」等。一般斗數的入門書籍都談到人事宮位的含義。這裡不會再詳述，會將研究重點放在這些範圍的信息的可信性和整體分析。

按：十二宮之外，還有附加在十二宮位的「宮」位，如身宮，又或近代人士添加的其他宮位。宮位的作用在解釋人生現象，而不是基本人生範圍。怎樣用上命盤的信息解釋人生現象已不是本書的重點。在此不論。

（三）星曜的角色

天干地支是記時的方法。星曜是記事的單位。斗數用命盤上的星曜記載人生現象。

象徵意義。個別星曜或星曜組合在經過記錄總結後，被賦予象徵意義，描述人生現象的特性。譬如說，記錄顯示太陽在命宮的人傾向追求社會地位或個人聲望，也比較容易達成願望。「貴」被用來形容這一種現象的特性。斗數從這一種記錄總結出太陽主「貴」，也以「貴」推測人事。

星曜組合的象徵意義有不同的抽象程度：有人用它來描述整體的事物，如「群臣慶會，才擅經邦」描述的便是人生概況；亦有人用它來記述較具體的人事，如天同火星在田宅宮的時候主家中換燈。具體人事的組合常常被叫作徵驗訊號。論命的人常常用它們來印證「人生軌跡」。很多門派都有自己的徵驗訊號。有人認為這些特殊組合很重要，因為它們在論命的時候可以用來印證人生變化軌跡，也可以用來取信於人。亦有人對它們的作用存疑，認為只屬特例，不具通用性而毋須深究。

有人從星曜的象徵意義聯想到星曜賦性會在組合產生化學作用，以組合賦性便可以窮盡事物的演化，推測任何事物。這只是一種從命定論出發的想法，企圖將賦性的抽象程度延伸和擴張，包括所有的事物，未有考慮自由意志的隨機成份和斗數結構的限制。

賦性更新。斗數以星曜記載的人事在古書成為賦文。很多八、九十年代的作者都致力以現代語言整理古書的星曜賦性和格局，再以今日的文化詮釋。不過，斗數本身不是一套人文學的知識和很多今日的事物是過去所沒有的，這一類更新只能夠讓人識別一些人生現象，不足以讓人理解和分析現象。

虛星與實星。斗數整理知識的方法受到時代文化知識的限制。古時的人見到星曜與人生現象經常一起出現便認為命盤上的星曜是實際的星宿，影響著人生。很多現在的人認為它只是符號。這是斗數中虛星與實星的爭議。星曜在命盤連結時間與人事，有雙重的作用。星曜反映時間的部份源自星圖，有「實際存在」的成份，但在論述人事的人生軌道上是抽象的概念，作用已經脫離了星空。

星曜分類。不同門派對星曜有不同的分類方法：有以功能分，如正曜、輔曜、佐曜、助曜等，亦有以重要性分，如甲、乙、丙、丁等。星曜是否需要這樣分類並未有共識，也不是這本書的重點。筆者會在第八章從信息的角度整理星曜的作用。

第五節　分類與星曜模式

以出生的年、月、日、時將人分類，每一個時辰一類便約有二十多萬類。（按：60 X 12 X 30 X 12）斗數以星曜將類別整合：人的出生時間從核對時間的方法走入五行局的星圖。命盤承接了五行局的星圖結構，也從這結構出現了以星曜將人分類的方法。

（一）命宮的星空

斗數以命宮將人分類。命宮在十二地支宮位上的排列只有從子到亥十二個。五行局排佈的星空在十二地支宮位的變化也只有紫微在子到紫微在亥十二個。兩者排列變化共一百四十四個。這一種分類方法會出現很多相似的類型，如太陽在午坐命便約一千八百多個。斗數在基本命盤加上出生年天干的擎羊陀羅和天魁天鉞，出生月的左輔右弼，和出生時辰的文昌文曲，火星鈴星（按：也有不用時辰的起法），地空地劫，也即是現代人叫的六吉六煞，以識別相同基本命盤中不同年、月、時的出生者（按：五行局的星曜按日排佈）。所以，很多命盤會有同一主星坐命，分別在「六吉六煞」。

從這一種結構，斗數也出現了命宮以基本星曜為主，六吉六煞為輔的記敘和描述人事的方法，如紫微獨坐為孤君，遇上左輔或右弼為「君臣慶會」的格局等，發展出各種比對人生現象的模式。

編排命盤要用上多少星曜到目前還沒有統一的說法：十四顆主星和六吉六煞是必須的，其他星曜就有不同的意見，如神煞一類星曜，有人認為有助於判定流年吉凶，但亦有人認為它們並沒有實質作用。

（二）週期變化。

命理學家從十二地支宮位的干支，星曜組合和人事的編排，在天盤，大限、流年時間軌道上，總結出各種不同的週期變化模式（見下文）。有些門派會用上流曜顯示週期變化。流曜的意思是「（觀察）那一年」才出現的星曜，如按觀察年度天干排佈的擎羊和陀羅（按：命盤上已有一對按出生年天干排上的擎羊和陀羅）。流曜在命盤人事宮位的位置實際上是出生時間決定的。流曜有多少顆，甚至是否需要都未有共識。所以，筆者也不花篇幅討論。

第六節　模式與解讀

論命需要解讀命盤。斗數以模式記載人事。模式是特定的星曜加上宮位干支的組合。解讀是模式比對和確認。斗數在民間發展①，經歷時日出現了不同的門派。各門派使用的基本命盤結構相同，主要分歧在他們組織資訊的方法。至於他們怎樣進行研究也只有他們才知道，外人不容易作出全面了解。儘管如此，他們解讀命盤的方法並沒有離開模式比對。到今日，模式比對的推算方法已經發展到五花八門。這裡只能夠簡單說明各種常見的組合。

（一）星曜與宮位

星曜與宮位是命盤設置最基本的連系。每一個人出生時間的命宮都會佈上星曜——沒有星曜的空宮是一種特別的形態。《全集》的賦文中經常出現一些特殊組合，如「太陽在午，謂之日麗

①民間發展。有些門派在談源流的時候說斗數早期可能因為研究天文曆法，與欽天監扯上關係。也有門派提到斗數曾經在明代被收納入宮中研究，後來流入民間。這一類說法並未見有確實的史料和研究內容，也不影響斗數從晚明到現在主要在民間發展的看法。

中天，有專權之貴，敵國之富」便是命宮在午，太陽也在午的人的整體人生描述。

星曜與宮位還有很多連結的方法：有人認為前後二宮「夾」是特定的組合，如行限走到紫微天府夾財帛宮會有突發的機遇。（《全集．夾合論》）「夾」有主星夾、六吉六煞的夾、祿忌的夾等。主星以外還有很多結合形式，如「祿馬最喜交馳」（《全集．太微賦》），指祿存星和天馬星走在一起會交上好運（按：天馬星只走入寅申巳亥四個宮位）。這些連結一般只在行限（推算運程）使用。有人認為「夾」和主星以外的星曜的連結意義不大。

（二）星曜組合

星曜與星曜亦經常組成分析單位。組合主要是十二地支三方四正宮位內的星曜。三方一般指命宮加上事業宮和財帛宮；再加上遷移宮（即是對宮）是四正。三方四正的宮位是個人比較能夠主導的人事範圍，而宮位的變化直接影響人生的波幅（按：也有人以子午卯酉、辰戌丑未、寅申巳亥，即以命宮遷移宮子女宮及田宅宮為四正的組合。組合背後另有宮位組合的因果假定。這與將類似的變化歸納的情況並不相同，在此不論）。

三方四正的主星組合可以分成紫府廉武相、殺破狼、機月同梁、和巨日四組，加上六吉六煞。這一種方式以星曜組合歸類，賦性以組合為基礎，輔以六吉六煞描述人生歷程的特色，如殺破狼一組加上煞星在命宮意味人生變化會有較大的波幅；而七殺、破軍和貪狼在變化中又可再從類別中細分。

主星組合外，古今的斗書籍還有大量各式各樣的組合。這一部份範圍很廣，就由讀者自行研究。

（三）星曜與四化

上面已經談過天干四化。一般大限流年人事宮位星曜的天干四化顯示突顯的人事變化，如大限事業宮的星曜化祿，意思是事業運勢走上大限會轉強。天干四化並不是獨立於星曜組合，是連結星曜的模式。四化的祿權科忌中，有人認為化權化科的有效性和可信性不高。筆者也認為兩者未有足夠的研究支持，所以這本書先將它們擱下。

（四）宮位互動

有些研究人士認為命盤人事宮位的排列和干支配置等具有特定的關連，於是利用命盤的結構，發展出各種不同的推演公式。

五行論很早期已經被借用。研究人士將天干地支，星曜和宮位等都賦予五行，以五行論作為解釋性理論。很多人都已經熟悉五行論，在此不再詳敘。

另一種常見的是將宮位配上排列數字，借用河圖洛書的數理，解釋人事變化的體用關係。譬如說，命盤上從命宮起算，第一個宮位（命宮），跟第六個宮位（疾厄宮）的一和六，在河洛的結構上都屬水，所以「一六共宗」。推算的時候假定一個有變，另一個也受到關連。不過，究竟是先有河圖洛書作為事物關係的依據才排佈宮位序列，還是後人企圖以此說明宮位的連系並不清楚。這一種研究宮位關係的取向，假定宮位賦性之間存在必然關係（當然，一六共宗的關係也可以用宮位被賦予的社會意義連結分析：命宮是整體傾向，疾厄宮反映健康；兩個宮位是個人整體與健康的關係）。

斗數中亦人會從宮位的干支發展人事宮位關係的公式，說明人生現象的變化因由。常見的是以宮干四化觀察人事宮位的互動效應：排列命盤的時候，每一個地支宮位都有一個編排命盤的天干。這個天干的四化被用來推算大限。有些派別將天干四化在地支宮位上的天干使用。每一個宮位按宮位天干都有四顆顯示變化的星曜散佈在命盤不同的宮位上。使用人士以宮干的星曜變化的互動說明人事宮位的關連，作用在斷定吉凶。舉個例說，夫妻宮的天干化祿走入命宮，主夫妻感情好；夫妻宮的天干化忌走入兄弟宮，主配偶不會照顧自己的兄弟朋友。兄弟宮的天干化忌（星）走入財帛宮主兄弟破我財。①宮干四化的規律預設宮位之間的關係。

這些想法在宮位之間預設了不同的因果假定。這一本書談的人生現象是多因的。人事的因果並不區限於命盤架構的規劃。事物的因果關係在後面再談。

（五）其他組合連結

在上面之外，有些使用人士以子午為南北，連結以方位為主導的推測方法，企圖以方位（空間）作為解釋理論。這一部份是以時間統攝人生變化的延伸，是本書範圍以外的討論。

①宮干四化用語。使用宮干四化的人有他們的用語：「自化」指宮位的天干四化星落在本身的宮位，「化入，化出」分別是其他宮位的天干四化星落在本身（觀察中）的宮位，和本身宮位的天干四化星落在其他的宮位。這種方法可以在天盤，大限，和小限（不是流年）之間使用（如小限宮干四化走入大限宮位）。以四化談宮位關係有很多變異情況。譬如說，從宮干的四化，有人甚至會專門用上化忌，追蹤人事發展和結果。不過，不論怎樣變異，這一種方法預設人事的因果。

第七節　模式的限制

斗數以模式連結時間與現象，也從記錄發展出推演方法。這一種方法受到曆法結構和文字的限制。

（一）曆法的不確定性

農曆時間並不確定，依據它的結構產生的分類、記錄和推測的方法的精確程度和可以發展的空間受制於它的架構，發展出來的「理論」無法達到科學上的精準要求。這是結構上的限制。

有些朋友會問：斗數可不可以將農曆換轉為其他較為精準的曆法系統（如陽曆）解決這個問題呢？斗數的事物分類和記錄的方法離開農曆已經不一樣，是另一個研究系統的範圍。從週期現象的角度來說，以農曆研究人生變化隱含人生運動中，月運週期的事物對人生的影響。換轉為其他曆法也間接否定這一種假設。當然，研究這些事物是不是存在又走入了另一個範圍。

（二）文字限制

文字的承載能力是研究條件的限制。整理觀察需要文字記錄、總結和詮釋。命盤的人生軌道是週而復始的。星曜與時間對應。過去的想法是：將一週期的時間分段，以時段內的星曜記錄人生現象，星曜經總結後便可以賦予人事性質；遇上相同的時間週期便可以用星曜的賦性推算可能出現的人事現象。

這一種想法在斗數有一定的限制：同一時段出現的人事是無限的。這樣產生的星曜賦性會一詞多義，高度概括。這也是過去「玄」的問題。很多使用者推算的時候需要用上社會經驗、預感、直覺、聯想等演繹星曜賦性，以個人的條件突破文字的限制。推算結果也會因個人演繹方法而異。這一種形式的推算在國外已經被劃入心靈學（psychics）的領域。

要求星曜賦性能夠包括人生各種大小不同的現象、事物的特性等實際上是過分的期望。

第八節　解讀與論命

論命基本上以命宮為定點，再以人事宮位的星曜模式進行解讀。模式提供的只是不同時間的週期信息。論命從信息的理解、整理和分析走入應用層面。後面幾章會詳細說明。這裡有三點需要特別一提，方便讀者閱讀這書後面的內容。

（一）研究起點

有人認為斗數是一套古人流傳下來，已經經過驗證確定的推算技術；不論古籍，祖傳或師門的傳授都具權威性。這一種主張將過去的研究重點放在模式與現象的關係。筆者並沒有否定前人的貢獻，只是認為過去的推算方法經常出現預設的假定。這些假定並沒有嚴謹的證據基礎。現代人研究斗數需要回到從觀察開始，重點不在一個模式與一個現象的比對推算，而在怎樣使用斗數的信息進行推算和建立推算的可信性。

（二）開放系統

筆者會將斗數預測和解釋的功能分開討論。斗數預測是以時間為主導，農曆為架構。①這部份爭議不大。古今斗數研究的分歧主要在解釋人事變化的方法。斗數的系統是開放的，可以兼容各種不同的解釋理論。筆者會用一般社會科學的概念和方法整理這一部份。

（三）結構與星曜

不同門派和人士研究斗數的方法和內容不盡相同；相同的只有從命盤基本結構，十四主星，六吉六煞和天干四化。這一本書也以此為中心（按：不同門派在這些星曜排列中仍有分歧，如鈴星和庚干四化。這部份已經是末流支節，無關宏旨，就留待讀者研究）。

①農曆為架構。筆者記憶中只有透派認為起盤的月份需要按節氣定月份。

第九節　小結

斗數特別的地方在使用農曆和以古天文學的星圖打造出六十甲子循環的時間軌道。命理學家以軌道上的設置和星曜發展出記錄人生現象的模式，再以模式比對的方法進行推算。從農曆產生的分類、記錄和推測的方法到今日在基本結構上仍然有出生時間要不要折算，一日從那一個時間開始，閏月要怎樣算的問題。筆者在這一章從週期現象的角度為讀者分析了這些斗數自古以來的迷思和爭議，指出研究上的限制，和這一本書的研究方向。

現代人有很高的文化水平，能夠以科學態度和知識分析斗數推演的合理性。斗數發展出來的推算方法是否能夠通過今天學理上的要求呢？這個問題留待後面再討論。

第三章　轉變中的斗數

第一節　引言

早期的斗數以自然規律為主導思想，分析人生基本上以命盤為中心，以時間和空間的規律解說人生的變化。斗數在改變中。出現改變主要因為人們在過去的研究累積了知識和經驗，對人生也有了新的理解和演繹。八、九十年代的斗數便以現代概念更新和演繹星曜和宮位的賦性，加入了社會科學的元素，讓人事分析與現代理論接軌。現在的斗數已經走向以人為中心，以社會科學知識解釋人的行為。從這方向研究斗數需要現代知識，起點與過去並不相同。這一章會看看主導思想對斗數研究和發展的影響。斗數的研究方法並未見有公開論述，只流傳在門派的文獻和個別人士的收藏。下面所談也只是筆者從一些近代出版回看過去的發展。

第二節　從「玄」開始

玄學是宇宙與人生的知識，在公元前二百多年前的先秦時期已經開始發展。斗數在公元一千一百多年前的北宋才出現，而一直被視為玄學一支。到今日，不少人對它的印象仍然停留在古老而神秘的階段，也未有留意到它的變化。

（一）玄的背景

始創時期①的斗數受到陰陽五行學說的影響。五行學說在戰國時代已經出現，是古時典型的自然規律學說。那時候的命理學家認為大自然（空間）存在自然活力；活力可以分為金、水、木、火、土五種性質。它們隨著時間與空間運行。不同時間的力量也不相同。力量之間有一定的生剋關係，而生剋變化的規律可以窮盡事物的演化。

① 始創時期。斗數以陳希夷為始創人是「托古」。斗數實際上是甚麼時候出現已無從稽考。有人認為它是從太乙神數，果老星宗，十八飛星等術數演化而來。它們在結構上與現在的斗數略有分別。斗數的結構從《全集》到現在都未有改變。筆者的始創時期指《全集》出現和之前，基本結構已經確定下來的年代。

古人以空間記序時間；時間與空間便出現相對的變化規律。曆法以日月星辰轉移計算時間。六十甲子的記序方法是循環的，不同時間出生的人便走入不同的時間循環週期。假如空間存在活力，即是人出生便走入不同的活力循環週期。

命理學家觀察到人生隨著時間週期出現變化規律，便以時間相對的空間的五行活力解釋人生變化。他們認為人是大自然一部份，人生現象的變化也可以用五行論理解：計算時間的天干地支可以賦予陰陽五行；出生時間也可以隨著天干地支出現陰陽五行的性質。人生變化由個人內在和外在的五行力量相互運動產生。不同層次的人事變化都可以用五行的關係分析，依照它們的生剋屬性，隨時間推演出變化結果。命理學家從自然規律的角度解釋人生變化的過程和結果，也出現了出生時間決定人生的看法。

（二）始創期的「玄」

上一章說過，斗數從六十甲子記序時間的方法，結合古天文學，創造出以星曜記錄和推算人事的模型。斗數始於這一種樸素的模型，也從它延伸，建立人事記錄系統；從循環記錄的方式也出現了以記錄預測的可能性。

始創時期的斗數在分析和整理人生記錄的方法上受到陰陽五行學說的影響。《全集》是結集，也是斗數最早的出版，相信已經包括北宋到清同治年間的主要文獻。它裡面可以看到研究人士將命盤的天干、地支、星曜、宮位等都配上五行，企圖以陰陽五行解釋人生變化。

《全集．撮要六問斷》更說明怎樣運用陰陽五行推算。《全集．撮要六問斷》相傳為白玉蟾與斗數始創入的陳希夷（872-989）的對話。白玉蟾（1194-1229）是道教內丹理論家，出生時間與陳希夷相距二百多年。兩者是不同時代的人。對話相信是後人所作。從對話可以看到，斗數出現之後的二百多年的研究並未脫離過去陰陽五行的「玄」。到了今日，以五行論分析人生變化不是主流，不過，自然規律的理念仍然普遍地流傳在今日的出版中。

（三）星曜與人生

從「玄」轉到以星曜賦性研究人生現象是斗數早期發展的特色。以星曜記錄人事的方法不一定從陳希夷開始，但肯定在斗數出現之後得到大力拓展。《全集》中的太微賦、形性賦、星垣論等都以星曜歸納人生現象。星曜的人事賦性是斗數研究人生獨特的地方，也是它被叫作「星命學」的由來（筆者按：嚴格來說，五行也是星曜賦性。所以這裡用人事賦性以示區別）。

（四）解釋與預測

從星曜的人事賦性著手研究時間與人生跟從五行論著手有甚麼分別呢？五行論企圖以簡單的概念，同時解釋和預測複雜的人生現象。譬如說，在斗數的推算中，火星會擎羊是一個特殊的組合（模式）。命盤遇上這個格局主突破性機遇。使用五行論的人會將星曜連結五行，解釋因為火星屬火，擎羊屬金，突破性機遇是因為火能鍊金所致。這是一種命定的解釋，因為火星遇上擎羊要在特定出生時間才會出現。至於火能鍊金究竟是甚麼意思、火和金的五行力量可以怎樣量度、是不是遇上火星擎羊的人都會出現突破性的機遇、為甚麼同樣有火羊格局的入會出現各種不同的人生現象等都是五行論未有具體說明的。

斗數沒有五行論的火能鍊金的概念也可以用火羊的模式預測突破性機遇，因為星曜模式是出生時間決定的，與火羊的五行屬性沒有必然關係。五行論只是其中一種將解釋和預測的功能集於一身的古老理論。怎樣解釋火羊模式的突破性機遇實際上視乎研究者對事物的理解和分析，並沒有一定的準則。解釋與預測在這一種想法中分了家。當然，解釋事物關係的方法影響推算。推演方法已在本書範圍之外。讀者可以參考附錄（二）的例子。

（五）從玄到人

斗數離開陰陽五行是劃時代的改變。大自然變化規律不等如人生變化規律。以大自然變化規律解釋人生變化並沒有充份考慮「人」在變化中的角色。斗數漸次以「人」的因素解釋人生現象。《全集》中可以看到斗數開始了以命格、個人特質等作為人事發展的誘因，說明人生的局面和變化。早期的研究人士受到時代文化知識的條件限制，只能夠以當時的觀念架構理解和分析人生現象，所以《全集》流傳下來的內容充滿封建色彩，也出現了很多由出生時間決定的功名利祿和富貴貧賤的格局；當中，時間與人生的關係只是想當然的，未經嚴緊分析和處理，也有很多未有說明的假定。

現在的斗數對過去的記載另有詮釋，如上面的火星會擎羊是人的爆發性動力，遇上機會便會出現突顯的際遇。這一種形式的演繹，將命盤解讀分成人和時間上的機遇兩個層次，也走入了人與環境的互動分析。人的能力可以從如性格，學歷等條件理解。環境中的機會是能力發揮的條件。人與環境的條件都會因人而異。這一種解釋方法當然比「火能鍊金」更加能夠說明人的個別差異。「從玄到人」可以看到研究的信念已經有了轉變。近代的書籍中，不少作者亦提到解釋斗數的人生現象是人文學的範圍，不過，他們大都未有走入理念層次作整體的申述。

第三節　時間決定論

早期的命理學家認為時間與人生有直接的因果關係。對今日的研究來說，這一種想法並沒有具體的證據支持，當然，也未有證據說明兩者並沒有關聯。時間與人生的關係停留在信念的層次。不過，時間決定人生的想法一直影響著斗數的發展。

（一）提高記載能力

在時間決定論中，斗數研究探求的只是甚麼時候出現甚麼現象。有些人從這一種比對關係聯想到無論大小事項都也可以透過時間推算出來。斗數以宮位和星曜模式記敘現象；要提高記載的能力最簡單的方法是增加星曜，整理星曜的層次，增加模式的變化。如果讀者細心閱讀斗數今日的書籍，會發覺不少在十四主星和六吉六煞以外的星曜，在《全集》中的賦文如星垣論等並未出現。相信它們是後人為了提高記載量引入的。

另一個提高星曜記載能力的方法是將星曜的意義抽象化，包含更多類似事物和現象。從這一個方向發展，有人想到以星曜組合賦性產生的化學作用便可以窮盡事物的演化，推測任何事物。

這是回到以陰陽五行解釋事物的年代的想法。技術上，抽象化與精確化是背道而馳的。星曜意義愈抽象，包含的事物愈多，愈難精確，愈需要用上個人條件和能力演繹。斗數愈依賴個人條件和能力演繹，主觀性愈強，愈難成為一種客觀的知識。

研究斗數的人士中，也有想到擴張人的分類，增加精確程度。古代一個時辰還可以再細分為八刻。這一種方法在民間未見普遍使用。斗數的記事和推算方法並不是以「刻」為記錄單位。過去的記錄是否適用是一個問題。堅持這一個方向的人士會有他們的秘本。時辰細分的方法已經離開了斗數以兩小時為最小基本記錄單位的結構。這裡不再討論；不過，研究基本記錄單位不論是兩小時還是十五分鐘，分析的方法相同。讀者可以自行分析。

（二）規律延伸

不少研究人士從時間決定人生的信念研究人生變化規律。他們的想法是：如果所有人生現象都依照規律發展，那只要找到變化的公式，無論甚麼人生事項都可以按公式推算出來。他們以命盤的設置作為架構，嘗試以架構的人事範圍的互動說明人生現象出現的因由，建立規律的模式。這個方向的發展以「人」的因素，解釋人生現象，如上一章說過的宮干四化，兄弟宮的天干化忌入財帛宮的「兄弟破我財」便以兄弟解釋破財。很多現在的人仍然跟隨這個方向研究，發展不同的推算模型（按：坊間還有很多推算方法，如飛星四化，太歲入卦等都屬於規律的延伸。斗數門派還有各種不同的秘傳。筆者所知有限，未能盡錄）。

從命盤人事架構發展出來的互動模式未有離開自然規律，脫離時間決定論；雖然多了「人」作為人事現象的誘因，但人生現象的成因和結果都是同時已經「被時間（命盤）注定」，即是甚麼時間遇上甚麼人、甚麼事都是既定的。以命盤為中心分析人生現象容易走入線性因果，也未能夠充份解釋個別差異，和考慮環境對人的影響。

第四節　模糊決定論

斗數到了近代多了知識份子參與研究。他們反對宿命論，認為人生不是完全「被決定」的；出生時間與人生現象的關係是未清晰的、不確實的。命盤星曜相對的人生現象會不會出現需要視乎環境的條件。筆者將這一類觀點列為「模糊決定論」。

（一）人生與傾向

相信模糊決定論的研究人士認為出生時間影響人生的「傾向」。「傾向」影響命運。「傾向」主要在個人特徵和人生變化兩個範圍出現。兩者都有命定的成份。

《全集．星垣論》已經有不少個人特質的討論。現在的人更有系統地整理。八、九十年代的書籍可以看到某星在命宮便會有某種樣貌、個性、處事方法、待人的態度等的描述。相信這個發展方向是受到個人特徵理論的影響。個人特徵理論是早期社會科學以個人特質分析和理解人類行為和人生現象的理論。人生變化的傾向指不同時間出現的各種變化模式（包括格局等），是斗數從開始到現在的研究核心。

研究人士以兩者互動建立預測和解釋的模型。他們以大限和流年預測人事變化，天盤命宮的架構說明變化波幅和局面，和以個人的特徵說明人生現象的緣起。

時間與人生現象從這一個角度出發的研究中不存在必然的對應關係，更未有如「兄弟」在特定時間會「破我財」的情況。當然，也沒有否定這一種可能性，只是斗數的個人特質並沒有正式的研究支持，也不足以解釋複雜的人生變化。

（二）環境與條件

人生現象的分析方法受到時代知識的影響。現代人對人事的理解和分析已經走入了另一個階段。他們認為人生現象由人與環境互動產生。人的傾向只是解釋人生現象其中一個因素；促成現象的因素不是單一的，是多因的。環境因素會因人而異；即使個人的出生條件相同，但產生的人生現象會因為環境而不相同。很多過去斗數所談的格局也需要環境條件配合才會出現。環境的因素是未知，未能確定的。

這一類研究人士經常以案例的形式說明推算方法：他們以命盤的架構為主導，以現代概念說明人的特質，人生趨向；與上面（一）略有不同的地方在解釋人生變化的時候會加上環境的資料。這一種取向修訂了過去的「時間決定論」，但仍然認為人生發展受「命理因素」影響，而「命理因素」的含義又回到與生俱來的傾向。他們在研究方法上，未有正視斗數結構上的問題，所舉的案例是選擇性的，沒有代表性的。案例背後的假定如資料的可信性和邏輯都沒有好好說明，分析並未有深入個人層次，嚴謹地考慮個人的自由意志對人生變化的影響。

第五節　斗數現代化

斗數過去的問題在整治知識的方法未能夠達到現代學理的要求，不少使用人士已經將它的推算方法當作科學理論般演繹。這也是斗數被指「迷信」和「不科學」的地方。斗數雖然不是科學理論，但研究必須有一定的現代化①程度才有足夠的說服力。現代化並沒有統一的定義，基本上指的是在整理知識的態度和方法上，以現代知識說明斗數的道理，重點不囿於推算上邏輯的真與假，而在說明推測的合理性和可信性。現代化包含科學化的成份。科學化不是指推算方法一定會比過去的精準，而是要建立共同研究的基礎，增加推算的客觀性和可信性，減低個人條件和能力在推算上的主觀影響和限制。當然，今日的研究要做到現代化需要從另一個角度理解斗數。

①現代化的研究。九十年代後亦有少數人士進行較現代化的研究。《現代紫微》系列是最具代表性的出版。這本書也只是附其驥尾，進行探討。《現代紫微》只是短篇結集，限於體制而未有較有系統地從理念出發，討論研究和推算方法。（了無居士等著《現代紫微》1-7集，台北龍吟文化出版社，一九九三。）

（一）未知與自主

斗數過去的問題在時間決定入生的概念。實際上，人生有多少是被決定了的是未有答案的。現實生活中，人生是不是已經被決定是未知的；未知不等如被決定。現代人關心的不是人生是否被決定了，而是有多少是可以自主的。斗數只是一種知識。它提供過去的經驗讓現在的人參考，提高人生自主的成份這。這一部份下一章再詳細討論。

（二）信息到預測

斗數的知識是從六十甲子週期人事系統的記錄產生。星曜是記錄系統中顯示經常見到的現象的信息。它的作用就好像下面例子的星期一：小陳每個星期一上班都在公車站碰上老李，日曆上的星期一是碰到老李的信息。小陳見到星期一便會猜想：今天會不會碰到老李呢？

小陳以星期一猜測老李會在那裡是基於七天週期累積的經驗，而不是他知道老李為甚麼會在那裡。這一種猜測談的只是碰上的機會有多高，不含現象的因果分析。兩人同時出現在公車站各有前因，而「星期一」連結了不同的活動。預測的重點在兩人可能相遇，而不在為甚麼小陳會在那裡遇上老李。

（三）自主與現象

斗數研究人生是從觀察到的現象開始，重點在現象對人生的含義，強調的是現在與將來。回到小陳在公車站的例子：小陳與老李相遇，老李與他可能互不相干，也可能老纏著他說話，惹人討厭。如是後者，星期一給小陳的啟示是假如他不要見到老李，需要坐另一班車。當然，環境不一定容許這樣的選擇；那他便要想想怎樣處理他與老李的關係。這是趨吉避凶的概念，也是人生自主的成份。

（四）人事分析

現在的斗數與過去的最大分別在解釋人生現象的方法。過去的斗數企圖以時間說明人生現象為甚麼會出現。在小陳的例子中，有人會說他遇上老李是因為星期一，是緣份（注定的），也可能是運氣好（或不好）等等。這樣子解答為甚麼某些人生現象會在某個時間出現是斗數過去「玄」的地方。對現在的人來說，這些答案並不充份，也未有走入個人層次。

在小陳的例子中，為甚麼他會與老李相遇需要時間以外的信息才能夠清楚：小陳知道自己在上班途中，也需要知道原來老李逢星期一負責帶孩子坐公車上學，才可以充份解釋他們為甚麼會遇上。這一種分析已經離開以時間解釋人生現象的範圍。

現代人的斗數沒有否定大自然變化規律。週期現象的信息如「星期一」般，連結各種不同的人生運動；不過，產生信息的人事因果與目前面對的人生現象不一定有直接關係，就好像小陳上班和老李帶孩子般，跟小陳是不是討厭老李不一定有必然關係。

（五）信息加工

論命需要從個人面對的人生變化開始，以客觀理性的態度收集，選擇，評估和整合信息。過去論命圍繞著從命盤抽取信息，推算可能出現的人生現象，強調現象會不會出現，而不在怎樣理解和分析人生變化。現在的人生有自主成份，人們需要變化的信息才能夠更有效地處理面對人生的轉折，就好像小陳知道「星期一」來了便要想想選擇另一班車，或看看怎樣跟老李溝通。

理解和分析今日的人事需要人與環境各方面的互動信息。命盤只是其中一項信息來源；當中有些如大限和流年的變化是獨特的，而很多其他斗數資訊如個人性格等，並未有研究根據。它們實際上可以從由其他有研究根據的理論如心理學／社會學取代。怎樣挑選適切的，可信的，有效的信息，連結現代知識進行綜合評估是斗數有待發展的地方。筆者在後面再討論這些範圍。

第六節　理念更新

現代化的斗數增加了個人自主的成份。隨著信念和研究方法的改變，理念也需要更新。

（一）經驗與規律

斗數的變化「規律」是經驗的總結。古典研究的問題在「規律」未有充份測試已經被廣義化，認為適用於所有人。有人甚至從這普遍性的假定，認為相對出生時間總有一個與人生變化規律相應的命盤；也發展出其他「起盤」的方法。

研究需要有代表性的對象和以科學化的方法進行才可以廣義化。斗數的研究從觀察開始。從前的人見到的實際上是「有些相同時間出生的人生出現相同的變化規律」。「有些」不等如「所有」。所以斗數的人生變化規律在使用上也只適用於人生變化也切合規律的人士。這是為甚麼斗數需要「定盤」的原因。本書後面所談的「規律」也只是在「有些」的範圍，並沒有普遍性的假定也沒有否定！

（二）命盤個人化

斗數研究的是集體現象。命盤承載的是集體的信息。過去命定論下的斗數並未有考慮自由意志在人生變化規律的角色。這一本書中，人的自由意志是變化規律的隨機成份，是個別差異的由來，也是過去的斗數未有嚴緊地討論的。個人層次的現象會受到個人和環境因素影響而異。使用命盤的時候需要結合個人資料才可以將解讀個人化。

（三）推算與推理

在時間決定論下使用斗數，推算仿如公式的演繹，而結論是既定的，所以有些作者甚至認為「斗數一定準；甚麼都可以推算出來。」這一本書的斗數結構包含不確定的成份，個人和環境的因素並不固定。從命盤猜測人生現象只是歸納推理，命中率並沒有保證。推理連結命盤，個人和環境的信息。信息在整理和詮釋的過程中加入了論命者和當事人的主觀分析和意見，所以推論並沒有唯一的答案。斗數的推算只是按推理分析的猜測。

（四）現象分析

怎樣分析人生取決於斗數的使用者，不過，合不合理取決於時代知識。怎樣解釋人生現象連結處理人生問題的方法。過去的斗數以自然規律解釋人生現象，有些人會以「玄」的方法處理人生問題，如以風水解拆背運。這也是過去斗數常被責難的地方。今日的斗數只是一個媒介；它的信息能夠連結人事，但不是解釋人生現象的理論。分析今日的人事需要今日的知識。論命有助於讓人能夠知道人生問題所在，但知道不等如解決，同時，人生問題繁多，也不能夠依賴論命者解決。問題需要由適當人士協助處理。

第七節　不再「玄」的時候

將斗數看作一種人生經歷的信息系統，研究離開了自然規律的糾纏。它究竟可以用來做甚麼呢？

（一）可以推算甚麼？

斗數可以推算甚麼當然視乎方法和範圍。在研究方法上，週期現象是重覆出現的現象；重覆出現的現象便可以「猜」，沒有甚麼限制，分別只在命中率。譬如說，從出生時間猜（任何一類）人會在午時吃東西的命中率會極高，因為這個時間吃東西重覆出現的機會極高。同樣道理，單從人的出生時間推測死亡時間，猜中的機會微乎其微，因為相同時間出生的人同時死亡的記錄絕無僅有。在談玄述異的文獻中，有些論命的人單從命盤已經可以猜中個人的遭遇，甚至祖宗三代的背景，不過，這已經是週期現象的基礎上，加上個人特殊能力的推算，離開了學理上的探討。

斗數研究的重點範圍在人生變化。星曜賦性從人事產生，也只適用於一般人事。不過，週期現象的研究方法並不局限於人事範圍，所以，也有些人用斗數推算股市行情和預言世局。斗數的推算方法以過去的人事記錄為基礎。人生變化記錄有悠久的歷史，其他範圍並未見有同樣記錄。星曜的人事賦性是否適用於其他範圍還有待研究。

（二）命運的可塑性

斗數研究命運。趨吉避凶是老生常談的功能。命運是人與環境互動產生的人生變化。現代人「命運在我手中」，意思也在掌握人生變化。論命的重點在怎樣從現在過渡到將來。人生變化中，人仍有選擇。斗數獨特的地方在提供時效性的變化信息；能夠掌握信息便能夠及早部署。命運也出現可塑性。怎樣使用命理資訊是創造命運的藝術。

（三）人生的反思

過去的斗數只談指點迷津，極少討論推算歷程。「指點迷津」在關係上有高人指示方向的意味。很多現代人都是知識份子，有足夠的能力解決人生面對的窘境，所以論命沒有指點不指點。

推算歷程指論命人士與當事人分析信息的互動過程；目的在幫助當事人作多方面考慮，反思人生的進退，提供命理資訊以外的諮商和教育功能。

第八節　小結

斗數研究時間與人生。怎樣理解時空與人生現象的關係影響研究斗數和解讀的方法。早期的斗數受到玄學影響，以自然規律解釋人生現象的觀察結果。自然規律是決定論。斗數也隨決定論出現了各種不同的變化規律和推算模式。近代人士修訂了過去的想法，認為時間只是影響的人生的趨勢其中一些因素，開始以與人相關的事物解釋人生現象，走入了人與環境的研究。過去的斗數並未有充份考慮斗數的結構問題，人的個別差異，和怎樣合理地解釋人生變化。

研究斗數需要現代化。現代化需要從另一個角度認識斗數。理念也需要更新。今日，斗數只是研究人生變化其中一個信息來源；分析人生現象需要人與環境的資訊和連結現代知識。斗數的研究並沒有範圍的限制，問題只在過去的記錄是否適用。斗數提供人生變化的信息使命運多了可塑性。推算的歷程也能夠幫助當事人反思人生的經歷。

第四章　今日的命運

第一節　引言

命運是斗數的研究對象，也是用來總結人生變化的概念。這一章從自主的角度談命運。從前的命理學家相信「萬事皆前定」。自由意志在古典斗數沒有發揮的空間。現在的人認為命運有自主的成份。斗數也需要更新對命運的理解。在斗數談自主不在否定命定成份，而在了解怎樣可以更加有效地使用它的信息，理性地主導人生變化。在命運自主的前提下，研究斗數需要了解決定與選擇和運氣在人生變化中的作用。這是重要的一章，因為過去的斗數出版中認真討論這些基本概念的篇幅並不多見。

第二節 「命運」的概念

很多現代出版的斗數都沒有說清楚命運的意思，只沿用過去的概念，或假定讀者已經明白。事實上，命運的含義在改變中。

（一）古典的「命運」

古典斗數的「命運」是命定論的產物。「命」與「運」經常被分開來討論。「命」的意思很廣泛：出生便是「命」，人生經歷和局面都是「命」。命是與生俱來的，注定的。極端的命定論中，人生一切都是注定的。研究人士從「命」延伸出「命造」、「命格」等概念。它們未見有一般認可的定義。筆者會將「命造」演繹為「這時間出生的人的條件可以做甚麼」，而「命格」則指「這時間出生的人的條件可以做到甚麼」。兩者分別近似人的潛質與成就。「命」的概念連結人的分類。斗數以命宮的星曜將人分類。使用的人便常常以命宮的星曜組合說明「命格」和「命造」，如「機月同梁作吏入」指命宮見到天機太陰天同天梁的人具備以文筆當官的潛質；「貪狼火星居廟旺，名鎮諸邦」指貪狼在廟旺的宮位遇見火星的人能夠以武職顯貴（《全集・註解骨髓賦》）。「命造」和「命格」都是出生時間決定個人條件，再決定人生局面的概念。

古人以「行限」和「流年」等說明「運」。行限和流年分別指人生某十年和一年的經歷。《全集》中，「命」的篇幅遠多於「運」：以「限」和「運」為綱領的篇幅只有「限行得數例與限行反背例」、「運行吉凶訣」、「論交限十年災福」等二、三百字（按：前二者以五行解說運的強弱，最後者主要以星曜所在的宮位的旺弱顯示吉凶；其餘的散見在其他論述。又，《全集》中也有以太歲和神煞談流年。有人認為這一類星曜是從其他系統移植過來的。它們不是研究重點，在此不論）。

過去研究運的重點在大限和流年的吉凶。在「命」是注定的前提下，「運」也是注定的。上一章說過，研究人士從既定的「運」發展出各種不同的推算方法。這是門派的主要分別。今日的出版很多以此為焦點。

（二）今日的命運

現在的人將命運定義為「生命的經歷」①，是個人從出生到死亡的軌跡和人生變化的過程。

①《維基百科》。http://zh.wikipedia.org/wiki/命運

研究斗數的人士也多將「命運」分開討論，認為「命」是天賦的，先天的，是出生時候已經擁有的個人遺傳、智商、體質、性格等的條件。人在出生之後與環境互動漸次累積的人生經歷亦成了「命」的部分。「運」是後天的，是先天條件與環境互動發揮的消長變化過程，也是人生歷程的變化狀況。①現在研究命運的人常用「運程」和「運勢」談「運」。前者是「特定的變化時段」而後者指「變化的強弱」。「命運」一起是一個整體的概念，相當於人生過程的因果縮影。

命盤的變化信息反映命運。過去使用命盤的人並未有清晰說明信息的層次。隨著研究人士對研究方法的了解，信息也較過去清晰地出現了個人與集體層次上的演繹。命盤的規劃是同類人的，所以也有人稱之為「共盤」──意思是共同使用的命盤。「共盤」的信息反映整體的變化。斗數以過去的經歷推測現在的人生變化，必須先整理從前的記錄才能夠將結果用於預測。總結個別人生經歷並不容易，因為每一個人的經歷都有它的獨特性。一般的記錄只能夠總結類同的方向，如人生甚麼時候會比較順心，甚麼時候會比較難過。四化便是這一種形式的總結，反映的是整體的變化模式。

個人經歷是整體變化模式下的變化。譬如說，命盤夫妻宮大限遇上化忌，反映同類人在那十年的夫妻關係可能出現低潮，婚姻關係不好過。過去的斗數企圖以星曜總結從這一種關係可能出

① 許興智《現代紫微．中國祿命術的迷思》第四集，了無居士等著，龍吟出版社，一九九三，頁一九零。

現的具體現象。現在的人發現這個層次的現象會受到個人決定影響。怎樣處理不愉快的婚姻關係決定於個人的條件和環境的因素：有人會積極解決問題，有人會離婚，也有冷戰，另找伴侶，隨遇而安等。不同的反應源自個人自主的成份。個人層次的現象需要命盤以外的信息才可以按理推測。

（三）研究更新

命運在概念上的變化引伸到斗數的命運研究出現三個需要更新的地方：一是個別化。古典的「命運」由時間注定。人以出生時間分類。同一時間出生的人便有同樣的命和運，沒有個別化的考慮。現在的命運劃清先後天界線。出生時候的遺傳、智商等條件是命定的。這是古代未出現的知識。古人無從談到這些條件怎樣影響命運。出生的條件是成長生理／心理學的入門知識。在此不細談。從出生條件出發的命運實際上已經包含了人的個別差異。出生時候的條件只有單卵同胞的人士才會相同。不過，即使相同，命運仍然會出現個別差異，因為個人條件可以透過學習得到成長和發展，而人們不會有完全相同的學習環境、過程和發揮的場合，所以也不會有同一樣的人生經歷。從這個角度來看，命運受到出生條件的限制，但也可以透過後天學習調適。

二是變化歷程。「運」是個人的先天條件與環境互動的經歷。過去的推算以「吉凶」說明變化狀況，重點在結果，不在人的角色。現在論命在吉凶現象外，個人條件可以在環境中怎樣發揮、人生的抉擇、和過程中的心路歷程等都成了研究的對象。

三是未能解釋的成份。過去的斗數將「命運」當作大自然規律的產物。現代人對事物關係的理解已經離開了時間和空間。「命運」中的「命」是天賦的，容易理解的，而「運」則包括未被充份了解的成份。斗數顯示同類型的人的人生會出現相同的變化模式。這一種現象只是經驗談，未有科學化的解釋。無論怎樣，現在的研究人士比過去的更加清楚命運中那一部份可以用上現代知識分析，那一部份仍然未被充份了解。有些人會將未被了解的部份當作是命定的。人生變化模式提供人事可能出現變化的信息。信息可用於人與環境的互動的情景分析。變化是否命定並不影響分析。

第三節　命定到自主

早期的斗數研究從命定論出發；命運是命定的。到了近代才有人提出命運包含自由意志的成份。相信自由意志的人相信人生可以自主。人生經歷是命定的還是可以自主的是古典的爭論。概念上，兩者互相排拒，即是人可以自己決定的事物便不是「被決定」的。下面的討論重點不在解決信念上的爭議，而是要清楚自由意志在命運的角色，因為它影響研究人士對人生現象的理解、分析和處理方法。

（一）命定論

斗數初期的命定論是以自然規律為基礎的時間決定論。這裡的自然規律不是指物理學或自然科學的規律，而是未受人力干預的自然現象。自然規律只是從經驗產生。古人怎樣進行研究已難稽考。筆者相信他們的結論是從大自然的變化規律，推演到人生，再從觀察記錄推斷。譬如說，《全集》中可以看到天同在子息（女）宮主男女五人①。天同在子息（女）宮由出生時間決定。

①《全集．論命身十二宮吉凶星訣便覽》有謂：天同男女五人，加吉貴，加煞得二人力，見梁空主孤，偏生吉貴。

子女數目在古代是自然生育的結果，即是子女數目是自然規律衍生的人生現象。按：《全集》的賦文都是主觀描述，只有子息（女）宮的人事現象以數字記載。數字比較客觀。記錄雖然沒有代表性，也不一定準確，到今日也已不適用，但從記載的形式看來，相信賦文的內容是曾經出現的現象。

近代出版的斗數所談的命定論受到決定論的影響，與過去的自然規律略有不同。決定論是隨西方科學出現的觀點，認為事物通過互動建立因果關係，現在發生的現象都由已經出現的條件決定；也從這些條件出現因果預測的可能性。

今日的斗數走入人與環境的研究。「命定」的意思不再是「人生被出生時間決定」，而是「出生時間」決定個人和環境的條件，也由這些條件決定人生。回到天同在子女宮的例子：對今日的人來說，個人的出生時間與子女數目只是一種「原始」連系。子女宮的數字不適用，主要因為人們有了現代科技，從經驗知道生育可以計劃，不再受自然規律支配。對決定論者來說，計劃生育是環境（包括科技）力量和形勢促成的。

堅持時間決定論者會認為促成現象的條件有直接的，也有間接的；間接的因素背後又會再有其他更間接的因素。這樣一層層往後推，最後會回到「出生時間」為終點條件，離不開時間決定論。話雖如此，決定論在人生現象分析已經有了不同的因果層次。

（二）自由意志

「自由意志」是現代人的概念，到目前還未有共同認可的定義。它的意思大致上指人們不受其他人或自然規律的影響，按照他們擁有的條件進行選擇，決定行動的能力。很多現代人相信人有「自由意志」，認為人生可以自主。當然，自主是程度上的，因為環境對人有一定的約束。譬如說，中國過去在城市實施「一孩政策」。政策下的人士只可以選擇不生育或只生一個孩子。多生一個的代價很大，不過仍然有人願意付出代價，又或跑到不在政策管制的地方生孩子。換句話說，環境雖然有約束，但子女數目仍然有「自主」的餘地。自主在十二人事宮位對人生有不同的作用。它在事業宮和財帛宮的決定直接影響人生局面，而在「六親」的宮位的只影響與其他人的關係。

命定論者認為在一孩政策下，跑到不在政策管制的地方生孩子的「自主」仍然由既定的個人條件和環境因素促成。人們有自主能力仍然只是信念。這一種看法將自由意志與命定論的爭議焦點轉移到環境的條件是不是也可以由人去改變。人們怎樣才算擁有「真正的自主」仍然是理念上的爭論。

(三) 自主的命運

研究斗數的重點當然不在甚麼是「真正的自主」，而在命運有沒有可以「自主」的成份。命運在人與環境的互動中產生。互動是自由意志發揮作用的平台。個人條件是既定的，不能夠改變的，只能夠透過後天學習發展和調節；是否需要發展和使用都取決於個人。這是在「命」可以自主的範圍。現代人生中，怎樣從出生的狀況塑造個人條件走入了社會／心理學的範圍。這裡不再詳細說明。

斗數的「運」只是人生某一個時段可能出現的變化，也經常反映個人條件發揮的機會或環境的威脅。要利用機會或遠離威脅也取決於人。人生隨人的願意與環境的因素出現變化，但兩者都是未能確知的。命運「自主」的焦點便在怎樣面對自己的條件和為人生變化作好準備。

第四節　理性的抉擇

命運「自主」在人的決定與選擇體現出來。決定與選擇是理性的表現。自主命運需要以理性主導人生變化。

（一）從決定開始

很多人生重要經歷都從人可以自主的決定開始。當然，不是所有重要人生經歷與人可以自主的決定有關。古代的婚姻並不是個人可以自主的決定。現代的婚姻也需要另一半同意。有些近代作者也提到這一點。他們用「野桃花」來說明這一種現象。「野桃花」指不正常的異性交往。理論上相同的命盤會出現相同的機遇。為甚麼命盤相同的人士中，有人會惹上「野桃花」，有人不會呢？他們認為人們可以按自己的條件衡量「要」與「不要」這一種形式的交往。衡量是理性的思考。人生在「要」的決定下才會走入這樣的一段感情關係。

（二）從決定到選擇

決定與選擇並不完全相同。一般情況下是有了決定才有選擇，就好像吃飯般，有了吃的決定才有吃的選擇和經歷：「要」吃是決定，吃甚麼是選擇，好吃不好吃是隨選擇出現的結果。

決定與選擇在研究命盤的討論中經常是模糊的。譬如說，很多人轉職的時候會問：「工作申請會怎樣？」有人會直接解答成功的機會高不高。申請工作的問題實際上包括人生要不要在這個時候轉變。要轉變才會找工作。工作是否適合或申請會否成功已經是個人選擇和市場配對的問題。前者是人生的決定，後者是選擇。研究人生需要回顧決定轉變的時機是否適合，才考慮轉變的內容。

（三）選擇與變化

決定是人生經歷的開始。選擇是與決定相應的行動方案，也反映價值取捨，影響人生經歷的內容。有些近代作者以命盤相同的人士在遷移宮化祿的時候，有人會選擇在本地經營，也有人跑往外地發展。結果是前者的發展不甚了了，後者衣錦還鄉。他們的目的在說明「遷移宮化祿，發財在遠方」。案例雖然沒有代表性，但也能夠指出人生不同選擇發展出來的局面也不盡相同（筆者按：這一類案例一般都未有說明離鄉背井對下一代的影響的代價。這是價值取捨，是需要注意的）。

選擇一邊反映人的自主，另一邊也說明人的自主是有限度的：選擇在環境容許才會出現。譬如說，在經濟大衰退的時間，又或者工作都是指派的（如過去的中國），人們沒有多少選擇的空間。有趣的是人心思變的時候，某些選擇會出現眼前，促成決定，就好像不少人在婚姻遇上問題的時候會問：「為甚麼在我想結婚的時候會碰上他／她呢？」這是斗數未能夠解釋的部份。

（四）抉擇的素質

斗數雖然從命定論開始，但使用的目的從未離開過「趨吉避凶」。傳統論命以斗數的信息趨吉避凶，如開創事業的時候，事業宮遇上化祿是愉快的轉變，化忌是惡夢的開始；重點在把握甚麼時候做甚麼事，避免做出不當的決定。趨吉避凶表面上是論命的口號，內裡是使用的人企圖以人生變化規律的知識爭取自主，優化人生的變化過程。

趨吉避凶的焦點在決定，不在選擇。吉凶將人生變化簡單二分；只談趨吉避凶未有走入人生變化的核心。現代人論命的重點在收集信息，進行綜合分析，作出明智的決定與選擇。吉凶誘導是其中一項可以令人反思的信息。人們面對變化需要的是具素質的決定和選擇。

第五節　運氣

研究「運」很多時候會談到運氣。兩者相關，但又不完全相同。運氣給人的印象好像一種不能預計及不能控制，令人事產生好壞變化的力量；也包含一些未能解釋的成份。以理性主導人生變化是否需要考慮運氣呢？

（一）運氣的概念

運氣的概念源自五運六氣的理論①。過去的研究將它當作一種因應大自然規律，在特定時間出現，促使人生變化的能量或動力。在人生變化中，能量或動力的方向與人的意願相同是吉，相反是凶。這一種想法中的運氣與人生變化有因果的連系。有人從這連系想到「運氣」可以「改」、「補」、「借」等。這一種說法停留在信念的層次，未有事實根據，對人有甚麼幫助就

---

①五運六氣理論。簡稱運氣理論，運氣學說，是通過天干地支、陰陽五行來標記60年、2010年、2012年、6年、1年、73天、61天等七個長短不同的時間週期，並把它們相互重疊起來，用以推算某年某月氣候、動植物和人類身心狀態的理論。這一理論出自戰國時期的《黃帝內經》。(http://www.baike.com/wiki/五运六气/)

留待相信的人說明。

運氣在這本書中不是獨立於人們的生活的事物，而是人與環境互動的反應，體現於人生變化中的情緒和心態。人事會隨人的決定和選擇中出現變化；變化如預期便是順心，不如人意的便不順心。順心和不順心的心態反映運氣的好壞。賭博是說明運氣的好例子。譬如說，賭「大小」的人想贏錢才下注。參與賭博是決定，猜「大」或「小」是選擇。下注「大」當然期望結果是「大」。結果如預期是贏，是運氣好；相反是輸，是運氣壞。中了彩票，運氣特別好，因為命中的機率十分低，但中了！如果不參與便不會出現輸贏的結果！運氣隨個人決定和選擇的經歷呈顯出來。

（一）運氣與時間

運氣會隨時間出現變化。回到賭「大小」的例子：假設賭具和操作系統沒有問題，理論上，在單一投注中「大」和「小」出現的機會各半。猜中與猜不中的機率亦如是。在無限次投注中，「大」和「小」出現和猜中的機會也是各半。無限次投注的假設包含了時間無限的假定。

個人投注有賭本及體能限制。投注時間亦因而有了限制。無限次投注根本不可能出現。

「大」和「小」在時間軌道上出現並不是每一段時間都大小各半，而是時多時少的，如在辰時，「大」出現比較多，卯時比較少。個人投注的命中率亦如是。「贏」是把握了在時間軌道上猜中機會較高的時間，也是運氣好的時間。輸當然是相反。斗數研究的運是命中率的變化規律。變化規律能夠說明的也只是這一類人在這個時間下注，猜中的機會較高。為甚麼人們會在這個時間下注呢？這個問題已經走入了個人自主的範圍，不是斗數能夠回答的。

（二）運氣與個人條件

命運是個人條件發揮的消長變化過程。賭大小的例子涉及的個人條件要求不高，不足以說明運氣在個人條件與環境互動之間的關係。筆者在這裡嘗試舉一個很多現代讀者都經歷過的例子，說明箇中的複雜性：

年輕的讀者大都參加過公開考試。考試成績受人的智能，用功的程度，讀書環境的條件，對手能力，考試時候的狀態等決定。從決定論的角度來說，理論上知道這些條件的情況也可以預知結果；而實際上，很多環境因素是未能夠確定的，不可能確知的，尤其是最影響考試成績的「試題」。

參加考試的朋友都知道如果要成績理想，準備工作除了用工讀書之外，還需要用上模擬試題的練習方法，也即是猜測試題和準備答案，提高應考的效率（按：不準備模擬試題的也會選擇重點溫習）。正常情況下，試題是未可知的。有些同學準備十條題目會猜中了八題；有些準備三十條題目才中三題。試題是個人與考試（環境／制度）相互作用的交接點。運氣隨著猜試題的決定與選擇表現出現。熟悉斗數的朋友都知道，斗數中走在陽梁昌祿格的人考試會特別容易過關；談的可能就是這一種運氣。

賭博不需要複雜的個人能力應付。考試不同，即使猜中試題不等於拿到好成績，因為解答試題還需要卓越的答案才能夠將其他人比下去。能否提供卓越的答案便要視乎個人應考的條件。運氣的信息顯示個人條件是否能夠表彰的機會。不靠猜測試題，努力學習而成績優異的人士亦不少。這種情況意味個人條件才是成功的必要條件；運氣好，會錦上添花。

（三）善用運氣

從上面的例子可以看到個人條件的重要性，所以自主命運首在準備自己的條件，再為人生變化作好準備。吉凶是運氣的信息：作出決定的時候遇「吉」，實現目的的機會也高；逢「凶」則困難重重。善用運氣有助反思目前的決定和選擇是否有助於實現目的。

第六節　人生態度

自主命運是積極的人生態度。研究命運的重點不在過去和現在，而在將來。過去使用斗數的人相信將來是既定的，「趨吉避凶」已經是「自主」的極限。

相信人生可以自主的，也相信人生變化取決於人的處理方法。在時間軌道上，人生決定是現在的，將來是未可知的。促成人生變化的因素很多時候是不清晰的，未能確知的。人生變化難料：今日之吉可能是明日之凶，反之亦然。即使變化是凶，也不一定避得過。應考便是現代城市人的例子。現實生活中，人生不可能逢吉必趨，逢凶則避。斗數的信息只能夠說人生可能出現變化。現代人研究斗數所持的是「概率人生」的態度，為人生變化「作最好的準備，抱最壞的打算」。

有一點要特別一提：大多數人都不是斗數專家，需要專人幫忙解讀。解讀的人對人生的態度影響信息的演繹，是論命的風險。

第七節 小結

古典的命運是命定論的產物。命運的概念隨著時代改變，多了自由意志的成份。斗數在操作上，個人與整體的層次的命運也隨自由意志的成份顯得更加清晰。斗數在研究內容上也需要更新對個人，人生的經歷和未有科學解釋的部份的理解。現代人將命運看作人與環境互動的經歷。自主命運的焦點在怎樣在環境中發揮個人條件和為不同時段的人生變化作好準備。

人生有多少是可以自主的到目前還沒有答案。人們知道的是人生很多轉折始於人可以自主的決定，人生變化的內容緣於選擇。命運自主需要以具素質的決定和選擇主導人生變化。運氣的信息有助優化人生的抉擇。命運多了自主的成份，人生態度也多了積極性。

第五章 研究與信息

第一節 引言

斗數過去的資料極少提及命理學家怎樣進行研究。筆者推測：他們主要從分類比較開始，然後紀時紀事，觀察歸納，再比對驗證。研究結果記載在《全書》和《全集》一類古籍中。近代的研究並沒有脫離這一種形式，只是多了個案的研討，申述各種推算方法。這一章會較學術性地探討斗數研究的問題。這個分析方向對過去的研究人士有點不公平，因為科學化的研究技術在那一個時代還未出現。筆者寫這一章主要因為很多作者將斗數當作確立的理論般陳述，誇張了推算方法的可信性。

將斗數看作週期現象的研究已經離開了時間決定論，從另一個角度分析命理學家的工作。儘管如此，使用斗數仍然需要注意推算的可信性；那可信性可以怎樣說明呢？筆者會跟讀者分享自己的方法（按：研究方法是大專課程。下面只借用了部份研究方法的基本概念。因篇幅所限，很多地方都未能詳細說明。未有修讀研究方法的朋友想詳細了解這些概念需要回到課程的內容。）。

第二節　分類與限制

斗數從「時間與人生有甚麼關係呢？」的問題開始。命理學家將人分類，然後紀時紀事比較，研究兩者的關係。不過，斗數的時間結構，也限制了研究的發展。

（一）分類比較

斗數基本上以六十甲子年份中的時辰將人分類。類別以星曜和人事整合，共144個主要大類。整合的大類又再以十四主星以外的星曜細分。分類後每一類人都有自己的人生軌道。第二章已經介紹過分類方法。分類比較可以看到不同類別的人生軌道上，按照天干和地支的週期變化和變化中各種突顯的人事現象。

（二）結構限制

斗數的研究以命盤將人分類。命盤的架構是既定的；分類研究也受到架構的影響，難以走入精確的個人層次：

個別差異。斗數研究基本上以整體為主。研究的架構中並沒有觀察同類人中個別差異的機制。先天的個別差異（如智商）並不是研究重點。（按：有些人會用上命盤以外的資料如父母的出生年份等顯示個別差異。這些方法只是將同類人再以命盤以外的天干或地支細分，而不是用來觀察個別差異。）

量與質。一般分類研究以互相排拒的特質將事物劃分，如性別的男和女。分類比較可以確定特質與觀察現象的關係。斗數以出生時間將人分類，但究竟子時跟丑時出生的人有甚麼具體分別仍然是未知道的。古法研究假定子時跟丑時在地球上出生的位置不同，受到大自然規律的影響而有分別，但分別在那，對人的影響有多大等都未有實際證據說明，停留在信念的層次。

斗數以星曜歸納人事。不少過去的研究以因果演繹星曜與人事特性的連系，如「某星坐命會出現某種性格或命局」。對筆者而言，以星曜總結的人事特性的分別是量的，不是質的！「質」的分別需要另類研究說明。「某星坐命會出現某種性格或命局」的意思實際上是「論命的時候，某星在命宮的人，某一種性格和命局也經常出現」。

時間分界。時間是延續的。以時間將人分類是主觀的、任意的。農曆以空間轉移計算時間。出生是一個過程，判定人生由那一點（那一個時辰）開始並不容易，再加上計算時間的方法因為閏月而不精確。斗數以命宮為人生軌道的起點。命宮的位置也承襲了這一種不確定性。過去的研究出現多種確定命宮位置的方法，如用出生前一個或後一個時辰起命宮，但這些方法只直接或間接地貫徹每個人都有一個適用的命盤的假定，並沒有解決整體時間分界的問題。

第三節　對象及資料

研究資料的來源和搜集方法影響研究結果的可信性和廣義化的程度。過去的研究都未有好好說明怎樣搜集資料。從《全書》、《全集》到現在的出版估計，研究資料主要來自論命的案例。

（一）樣本偏差

社會研究叫所有研究對象作總體。很多研究受到資源限制，只能夠從總體抽取部份對象進行調查。這一部份對象也叫樣本。抽取樣本需要依據規定的方法，如樣本與總體必須同質、過程必須隨機化、樣本還需要有足夠的數量等，研究人員才可以以統計處理研究的可信度和誤差，確保結果可以廣義化的程度。

斗數分類比較的研究對象從論命的經驗累積，並未經過抽取樣本的方法選取。很多論命的當事人都相信命理、遇上人生轉折等。不相信命理、沒遇上人生問題的人便難以包括在研究內；而實際上，他們是同類人中的大多數。斗數的案例是「偏差」樣本，不足以代表整體，甚至可能是特例。所以，研究的結果只可以作為案例，給出現近似變化的人士參考，不可以隨意廣義化。

（二）處理方法各異

怎樣收集資料影響研究的可信性。現代研究收集資料的工具按分析架構設計，已經植入了分析的方法；收集資料都會有同樣的工具，確保研究的統一性和可重覆性，就好像人口普查般，資料會以問卷方式收集，讓不同時間、地點的研究人員都可以收集到同樣的資料。

斗數收集資料的工具並不統一；唯一統一的是命盤的基本架構。十二人事宮位的設置只以範圍劃分，沒有清晰的定義。記敘的事物也沒有一定的焦點。所以，子女宮可以包括子女的數目，與子女的關係，個別子女的狀況等等。記錄資料的方式，如星曜的組合只由使用的人決定。斗數研究跨越不同年代，記錄的工作由不同的人進行。他們對斗數有不同的理解，宮位的意義和內容亦隨著時代知識和社會文化變遷。這一類問題前面已經談過。

（三）模式模糊

研究人士用星曜組合來記述、儲存和總結重覆出現的人事現象。星曜組合也成為推算和預測的模式。模式也承接了量度人生現象的功能，而它們是否能夠有效地反映人生現象也是斗數研究上最大的挑戰。

古人以比喻和象徵將各種形狀相似，情景相關等的人生事物歸類；發展出來的模式的含義廣泛，也有很大的不確定性（筆者按：古人的歸類方法不等如現代人的歸納方法。參見第一章）。模式經常出現歧義：廉貞七殺可以是「路上埋屍」，也可以是「積富之人」。當然，這是最極端的例子。很多模式過去的意義到今日已經改變：貪狼在古代是桃花，酒色財氣，今天可以是藝術、人際關係。模式所載的事物並沒有統一的量度標準：甚麼是富、怎樣才算是貴等都因人而異，未有共識。

模式在使用的時候依靠人去解讀。演繹是主觀的，也是任意的。譬如說，「鈴昌陀武」主出外凶險；如果凶險沒有較具體的，約定俗成的定義，演繹便容易走入象徵意義無限擴張的謬誤，如走路踼破腳指頭也可以當作「出外有凶險」。近代的出版仍然可以看到這一類謬誤。

第四節　假設與分析

「研究問題」一般包含假設。譬如說，古賦中太陰化忌會鈴星主人離財散。「太陰化忌會鈴星」是模式；人離財散是人生現象。斗數以模式推算，假設模式出現，人生現象也出現。遇上太陰化忌會鈴星是不是真的會人離財散呢？

（一）比對驗證

近代作者對這個問題的反應都是：「驗證」！「驗證」指以模式比對人生現象，是研究中檢驗證明假設是否成立的手段。斗數的「驗證」是以經驗證明，不是實驗證明。

（二）模式與可信性

一般作者談的「驗證」的重點在模式的可信性。以模式進行比對會出現三種情況：一是模式與相對的現象都出現，也即是模式的可信性可以確認。二是相對的現象不常出現，也即是模式的可信性低。模式也同時透過這個方法漸次淘汰。三是現象不完全相同，但有相似的地方，如太陰化忌會鈴星出現了破財，但沒有甚麼「人離」的現象。模式相對的現象也同時透過這個方法漸次修訂。

（三）比對與假設

斗數中亦有少數作者會走入模式與現象相對出現的假設的分析。「太陰化忌會鈴星」主人離財散實際上另有假設的層次。從命定論出發的研究中，人生軌道上的星曜組合由出生時間決定。模式與現象存在必然關係，即是出生時間與現象存在必然關係。

研習斗數的朋友進行驗證的時候，經常遇上的是兩者只見其一。那即是命定的必然關係的假設並不成立。不過，很多研究人士對模式與現象兩者只見其一的情況都沒有否定假設。他們另有解釋：

第一種解釋是命盤錯誤。當然，這只是研究人士的主觀願望。他們利用命宮位置的不確定性作為解釋，拒絕反思「必然」的假設。是否可以接受就由讀者判斷。筆者也不再討論。

第二種解釋是「替代現象」。「替代現象」源自「替代徵狀」①的概念。「替代徵狀」指病徵有潛在的成因。疾病的病徵不一定是同一種現象。心臟病會出現頭暈頭痛，也有人沒有這些徵狀，但出現疲倦、氣喘等。治療疾病只移除病徵沒有解決問題。病因存在，病徵會以不同形式表

① 替代徵狀。替代徵狀指英語的 symptom substitution。

現出來。「替代現象」的模式與現象就好像病因與病徵般，「太陰化忌會鈴星」存在，「人離財散」的現象可能會以其他形式的現象表現出來。

「替代現象」只是假設。它的問題在「太陰化忌會鈴星」（模式）不是心臟病一類可以透過實驗觀察的事物。那些才是替代現象也由人主觀演繹，無從驗證。如在超市付款的錯誤找贖也可以當作「人離財散」。人生現象分析走入了信念上的因果！這一種解釋混淆了事物的層次，未有面對時間與人生現象的假設的問題。

第三種解釋是「人離財散」在多個條件同時出現的情況下才會出現。「太陰化忌會鈴星」只是其中一個條件。其他條件不出現，「人離財散「也不會出現。其他條件究竟是甚麼？如果其他條件不能夠清楚說明，這一種看法未有離開時間決定論的假定，也未有澄清信念和經驗事物的因果層次。條件分析上「人離財散」出現，「太陰化忌會鈴星」不一定出現；不見得「太陰化忌會鈴星」是「人離財散」的必要條件（按：下一章再談條件分析）。

回到模式與現象相對出現的假設：假設未能夠成立並不在說時間與現象沒有關係，也不等如過去的自然規律的解釋錯誤，只是到目前還未有令人可以確信的證據，說明時間是一項影響人生現象的獨立因素。兩者的關係停留在信念。當然，未能解釋不等如不能預測。以斗數預測人生的變化走入了信息的研究範圍。

第五節　資料整理

過去的斗數以自然規律解釋人生的變化。自然規律有普遍性假定。將斗數看作信息的研究未設有這樣假定，事物的關係亦未有預設的因果。推算是信息的綜合分析，也不會出現誇張演繹的問題，但是否合理需要邏輯判斷。不過，今日的研究不能夠脫離過去，因為推算仍然以流傳下來的記錄為基礎。古人整治知識的方法與現代人的不同，所以在使用上需要注意資料來源和懂得整理資料的內容，才可以取得較具參考價值的信息。

（一）資料來源

《全集》到現在的書籍都載滿紫微從子到亥，加上十二宮位的人事描述。這一類資料很多都過時，可信性也成疑問，所以在使用上需要留意：一是論命的資料來自自述或轉述；在研究方法上，自述的資料一般較轉述可信。斗數的記錄都從論命收集。事業、投資、疾病等事項的資料可以透當事人自述收集。六親的事項除了當事人與他們之間的關係外只是轉述。從這個角度出發可以看到十二人事宮位那些範圍的資料比較可以相信。

二是現存的資料都經過研究人士處理；整理的過程便多了個人的主觀演繹。過去的記錄有許多誇張的描述。很多近代作者已經將這一部份重新整理，但使用人士仍然需要衡量資料的可參考性。

（二）資料的內容

古人的資料以模式出現。模式將很多事物捆綁在一起。今日的研究需要將模式解拆，才能夠有效地分析和觀察它們承載的信息。

對週期現象的研究來說，星曜模式是時間，也是人事的信息。前者在前面已經談過了。後者在這裡指「事物運動狀態及其改變方式的描述。」①上面「太陰化忌會鈴星」的模式顯示人們在時間軌道上追求財利與環境互動產生的運動。命盤財帛宮的「太陰會鈴星」是時間與人事的交接點。「（四）化」是天干週期人事突顯的變化的信號；「忌」是變化方向；「人離財散」是變化的現象。

模式也包含了整體與個人層次的信息：「太陰化忌會鈴星」原則上描述整體的現象。在財帛宮，財利的變化是重點。「人離財散」的現象是「人離」加上「財散」。後者才是財帛宮的信

①信息。信息是一個高度概括抽象概念，不容易用統一的文字對其進行定義。信息在這本書的意思是哲學性的，是「事物運動狀態及其改變方式。」（鍾義信，《資訊和科學原理》）https://zh.wikipedia.org/wiki/ 信息 /

息。「人離」與「財散」的關係是未知的——可能是「財散」的因，也可能是「財散」的果；又可能只是相關的現象；甚至「財散」出現，「人離」不出現。「太陰化忌會鈴星」只是例子，其他模式的解拆方法也類同（按：如前面的「兄弟破我財」便多了人事變化的因果）。第八章會再談信息的分析。

命盤上的祿忌是整體人生突顯變化的信號。對個人來說，它們好像人生天氣預告。從祿忌的信號可以走入個人層次。財帛宮遇上化忌的「財散」是人生變化方向，具體現象可能是倒賬，錯信消息的買賣，甚至被騙等。個人現象只是整體研究的附帶現象①，有另一個層次的因果，也需要另一個層次的信息才可以進行因果的分析。有些論命人士企圖在這個層次從命盤找尋現象出現的理由。這也是論命的人隨意為人事加上因果論斷的地方。筆者在網上便見過這樣的例子：當事人被騙破財。論命的人以「貪狼化忌坐命宮主貪心」，以貪心為被騙的理由。這是貪狼化忌有趣的演繹。是否合理就留待讀者分析。

①附帶現象（epiphenomenon）。附帶現象是醫藥學名詞，指與原來疾病並沒有直接關係而出現的第二症狀。舉個例說，因病服用抗生素會提高患乳癌的風險。乳癌的風險是附帶現象。這並不是說抗生素引致乳癌，而是它增加（其他）細菌感染誘發的炎症的機會，而後影響乳癌的風險。有人會將原先出現的現象（或疾病）與後來出現的現象掛上因果關係。在醫藥學方面來說兩者不一定有必然的因果關係。後來出現的現象也可能與原先的現象沒有直接關係。它之被稱為附帶現象是因為它不是主要的研究對象。副作用是附帶現象的特別情況，因為它是原先出現的現象的後果，有直接關係。（參考 www.en.wikipedia.org）

第六節　模式與驗證

斗數推算的可信性建立在模式的可信性。可信性需要「驗證」。模式比對是推算的方法，也是驗證的方法。簡單一點說，是模式出現，相對的現象的出現率也高，可信性便高；反過來亦然。上面第四節所談的驗證並不嚴謹。模式驗證需要清楚說明，讓其他人士也可以用同樣方法進行測試才有客觀性。筆者在這裡與讀者分享過去使用的方法，略作說明。

（一）研究問題

第五節可以看到模式的複雜性。斗數大多數的模式包含多層次的信息，又或意義含混不清。模式需要將處理才可以驗證。「太陰化忌會鈴星」的分析可以看到：祿忌是變化的信號，對突顯人生變化的研究來說首要的。以祿忌預測人生變化是否可靠呢？這是筆者的「研究問題」。

（二）研究對象

筆者的研究受到資源的限制。「驗證」只能夠在接觸到的案例中進行（相信與大部份斗數愛好者的情況也一樣）。過去的斗數對模式有普遍性的假定。筆者沒有這樣的假定，認為祿忌的牽引只適用於人生也隨天干週期出現變化的人士；所以在研究對象上，只選取了祿忌模式與現象曾經同時出現的命盤。假如人生隨天干週期出現變化，那便可以從一個轉變作為基礎，「預測」另一個轉變。這一類研究對象並不難找，因為很多論命的人士本身就在經歷人生的轉變。

（三）預測變化

在變化的範圍上，筆者只選擇了大限事業與財帛宮的流年轉變。這兩個宮位的突顯變化，如轉職、財源中斷等現象比較容易透過直接觀察辨識。轉變的內容和原因不是研究的範圍，重點在變化的年份。

預測是以前人的經歷猜測現在的人的人生變化；所以，猜測在個人層次包含了過去和將來的變化。譬如說，大限事業宮今年（流年）化忌，工作也出現惡劣轉變。預測便可以回望過去，以天干週期變化的軌跡猜測開始的年份。這也是定盤和從命盤研究人事始末的方法。這一種追溯方式比較容易犯上記憶錯誤和自我實現的謬誤。

預測也可以從現在確定的變化預測將來。猜測將來可以將人生變化納入直接觀察，沒有憑記憶追溯過去的問題，但這樣進行的追蹤調查需要的時間很長，研究對象也會流失。筆者選用了這個方法，猜測的也只是由命盤的當事人主觀認定變化出現或不出現。

（四）結果分析

筆者預測了三十次，猜中二十五次。命中率為83.3%。一般人隨意猜測一些現象會不會出現只有兩個可能性：猜中與猜不中，各佔50%。83.3%是偏高的。偏高出現是因為筆者的運氣好猜中，還是以祿忌的軌跡猜測確實有異於隨意的猜測呢？這個問題需要借助統計分析。筆者用上二項式進行測試，分析現象出現的機率，結果發現用祿忌軌跡猜測的命中率跟隨意猜測有顯著分別。①

①二項式測試。二項式（binomialtest）是適用於答案只有兩個可能性的研究數據的統計分析。這項測試的在案例的數目達三十才可以用近似常態分佈的方式分析和有比較滿意的結果。測試可以用公式計算。文中的情況是：

$$z=\frac{\frac{X}{n}-p}{\sqrt{\frac{pq}{n}}}=\frac{0.83-0.5}{\sqrt{\frac{0.5\times0.5}{30}}}=\frac{0.33}{0.09}=3.66$$

p=q=0.5,n=30

x= 猜中 =25, α =0.01, z=3.66>$z\alpha$ =+2.3263 或 -2.3263

按：83.3%只是筆者用來說明分析的數字，讀者切勿以此為指標。專業者會有百分之百的記錄。筆者以祿忌軌跡猜測轉變時間，輔以普通常識及其他信息作出判斷，如家庭主婦不論事業宮有多少個祿忌，根本不會有轉業的情況出現。對從大學走入職場不久的年青入，猜測事業上的變化的命中率便高。如上面說過，個人層次的現象另有人事因果。這一部份已經不在驗證範圍。

（五）引申討論

驗證的結果是不是可以說明祿忌軌跡是普遍的變化規律呢？當然不可以！研究對象是選擇性的、偏頗的。結果廣義化的程度受到抽樣方法限制。對筆者來說，祿忌的信息有助於預測人生變化，不過，這個說法還需要很多人的研究都出現測試中的結果，才有比較客觀的基礎。

上面的驗證只是遊戲之作。祿忌軌跡是老生常談，驗證的結果也毫不令人感到意外。使用斗數的人士也經常以它定盤和推算，只是沒有較嚴謹地整理和用上數據說明。筆者只想指出：驗證的數理部份非常重要，是研究的證據，也是今日研究斗數的信念的由來。這本書所談的概率人生的態度也建基於此。

第七節　小結

古典的斗數只是一種將人分類比較的開發性研究。斗數的結構限制了研究的發展。在研究方法上，斗數並未以科學方法抽取樣本，整理資料的方法並不統一，用來預測的模式含義模糊，分析並未有嚴謹處理時間與人生現象之間的假設。過去的研究並未有足夠的證據，說明時間與人生現象的必然關係。雖然如此，斗數仍然可以用從過去的記錄總結的模式進行預測，不過，使用模式需要的注意它們的可信性和信息捆綁情況。模式的可信性是可以測試的，但測試方法需要可以重複進行和以數理分析，也要有廣泛的測試基礎才有客觀性。筆者測試祿忌的信號，發現它們的可信性頗高。這裡談的可信性是模式出現，人生現象又出現的可能性。當然，有些人認為研究斗數需要掌握能夠預測細微事項的模式。對筆者而言，這已經是非一般的要求。在此不論！

第六章　事物關係

第一節　引言

這一章談斗數的事物關係。過去的斗數受到時間決定論的影響，出現了各種不同形式的因果論斷。研究斗數需要了解過去和今日的因果關係的分別。從週期現象的角度出發，命盤提供各種同步信息。信息反映不同形式的事物連系。下面會提供整理信息的架構。信息在個人層次使用多了心理的影響，是另一個層次的事物關係，也是使用信息的人必須認識的。從綜合信息，理解和分析事物關係，到作出可以用來參考的結論是推理的範圍。筆者會下面介紹斗數常用的推理方式。

第二節　因與果

「因果」指原因和結果。它們常常被用來描述事物的關係。日常生活中談的因果沒有約束性，但在研究上，它是一種條件關係。

（一）條件關係

「結果」在條件關係上是「原因」產生的效應，意思假定A與B是兩個不同的事項，A與B要下列三個條件都成立，才可以得出A導致B，或A與B有因果關係的結論：（一）是A發生在B之前；（二）是若A不發生，則B也不發生；和（三）是若B發生，A則一定已發生。譬如說，給「虐（疾）蚊叮了一口」與「虐疾」出現是一種因果關係。條件分析的（一）給「虐蚊叮了一口」在「虐疾」之前出現；（二）若果「沒有被叮」，「虐疾」不會出現；和（三）「虐疾」出現了，也一定「被叮」了。

從條件關係進行分析需要留意A和B是不是相同層次的事物：如A是人的前生，祖德等一類事物，B是出世榮華（B）；A是缺乏客觀事實根據的，是不知道有沒有發生的，不能確定的。

兩者的關係只是一項主張，一種信念。（信念對人會產生心理上的因果效應。相信沒有人會抗拒祖宗是老好人的解說。下面再談心理上的因果。）

條件分析在事物性質外，需要考慮事物性質的共識和量度方法。出世榮華（B）的意思一般指良好的出身。假如「你的出世榮華」泛指「良好的出身」，而「我的出世榮華」指爸媽是富豪。兩者差距甚大，分析的意義不大。

（二）時間與人生

研究斗數的人都想知道時間與人生是不是因果相連。斗數的格局反映出生時間和人生現象的關係。譬如說，「陰陽會昌曲，出世榮華」。很多出身良好的人（B）都沒有這組星曜（A），很多有這組星曜（A）的人並沒有良好的出身（B）。回到條件分析，第二和第三個條件都不成立，陰陽會昌曲與出世榮華並不存在因果的關係。（按：其他格局的情況相同。）

（三）經驗與因果

斗數常談的因果只是經驗上的連系：「陰陽會昌曲，出世榮華」的格局的意思只是研究人士碰到前者的時候經常見到後者，是經驗的總結。兩者的關係未能夠滿足因果條件分析上的要求。以經驗進行推測是下面的歸納邏輯。

第三節　複雜的因果

斗數的事物關係經常出現因果假定。它們令人感到模糊不清，似是而非，原則上都過不了條件分析那一關，但為了讓讀者了解過去的斗數，筆者略為介紹幾種常見的。（按：X→Y 指Y由X導致，以下同。）

（一）一因多果

第一種是一種原因出現多項結果。時間決定論本身就是一因多果，企圖以出生時間說明所有人生現象為甚麼會出現。五行所屬、星曜格局等都是出生時間決定的。以它們解釋人生並沒有離開時間決定論的信念範圍。這些古典主張上面已談過，在這裡也不用再多加說明。

（二）又因又果

第二種是原因與結果並不清晰。格局是明顯的例子。「君臣慶會」①是典型的格局。它是人

① 「君臣慶會」指命宮在三方四正有紫微，天府廉貞武曲天相加上左輔或右弼的星曜組合。

生晚年從命宮出現紫微天府等的星曜組合，又出現「富貴雙全」的現象總結出來。在人生晚年，「君臣慶會」是人生的局面。沒有「富貴雙全」的「君臣慶會」只是星曜組合。（按：很多斗數中的案例只是出現了「富貴雙全」的現象才選擇性地以「君臣慶會」解釋。）對選擇剖腹產子的人來說，「君臣慶會」的星曜組合出生時候已經存在，先於富貴雙全的現象。「君臣慶會」是「富貴雙全」的「成因」。

又因又果的情況出現主要因為星曜組合被用來顯示時間，又同時被用來總結人生現象。時間上的星曜組合並不等如被賦予人生現象意義的星曜組合。出生時候的君臣慶會不等如晚年的君臣慶會。古人在斗數發展過程中未有認真探究星曜組合與觀察現象的關係和給予清晰的定義。

（三）多重因果

第三種是多重因果，也是最常見的。很多研究人士在出生時間（A）與人生現象（C）之間插入了命格作為解釋人生現象的中介變項（B）。在現在的斗數出版，談選擇工作的情況經常可以看到下面的關係：時間導致個人的命格條件（A→B），而個人的命格條件引發工作選擇（B→C）。

A（出生時間）→B（命格條件）→C（工作選擇）

A（出生時間）→B（命格條件）→C（工作選擇）→D（工作適應性）

不少人喜歡用命格類型猜測人的工作類型，如「機月同梁」便是文職。這一種猜測包含了A→B 和 B→C 兩重關係。他們將這些關係當作已經確立的「因果理論」般演繹：A（出生時間）必然產生某一種類型的B（命格條件）；而某一種類型的B（命格條件）直接影響工作的選擇。有人甚至再從工作的選擇延伸到工作適應性（D），解釋人生轉變或工作問題的源起。

事實上A、B、C之間到目前並未有證據顯示他們之間的必然關係。這樣的分析架構中需要留意的是作為中介變項的命格並沒有清晰和統一的定義。它的含意可以從個人特質，限運模式，到人生傾向等；究竟是甚麼便由使用的人主觀認定。

細心的讀者會留意到如果沒有A，再將B改為「性向」（Aptitude），那便是今日人力資源方面的人事理論。性向與命格作為條件的分別在命格未見有客觀的研究和證據基礎，也未有充份考慮個人後天產生的轉變。「性向」有共通的定義和量度方法，也包括了後天學習對個人條件的影響。

（四）多因一果

第四種是人生現象由多種原因造成的。多因在條件分析上的事項關係並不是第二節般單一相對，而是就好像米是做飯必須的，但有米還需要有水、煮食用具，能源和人等條件才會出現。

現在的斗數在理念上亦吸納了個人與環境的狀況作為條件，解釋人生現象。很多使用斗數的人會分別從天盤，大限到流年，以個人的整體傾向，大限的運勢，流年環境出現的機會等各種不同的因素，解釋個人的際遇，說明出生時候的命格也需要環境和其他條件出現才會跟著出現。這一種分析方法也解釋了命格相對的人生局面為甚麼會不出現。

第四節　命理因素

現在的研究人士常常用「命理因素」將「命盤」與人生現象連結；也企圖以它解釋人生變化，不過，他們一般都沒有說明「命理因素」是甚麼；用法也不統一。筆者只能夠就自己的了解說明。

（一）原因與因素

原因與因素①都是表達事物關係的概念。斗數中，很多人將它們交互使用。不過，兩者在研究上並不一樣。原因一般指人或事物；它們的存在和表現會令其他事物產生效應或出現某一種結果，如上面第二節「給虐蚊叮了一口」是出現虐疾的原因。「人生變化是由大自然規律引起的」便是因果的陳述。因素指的是已經存在的人或事物中，某一些影響運作，促成現象的成份。葉綠素是說明「因素」的好例子：樹木中的葉綠素是樹葉中已經存在的細胞。它是促成光合作用的因素。

①原因與因素。原因與因素分別指英語的 cause 和 factor。

（二）命理因素與現象

命理是斗數用來說明人生現象為甚麼會這樣出現的道理。研究人士將命理因素當作催化人生變化的成份。在古典的斗數中，個人的「五行」便是這一種成份。它與大自然的（五行）規律的互動，催化各種人生現象。

命理學家將斗數看作類型的研究，也以這一種因素促成的變化模式為類型的基礎。他們以命格或星曜組合引申的個人特性說明這一種成份。這一種成份究竟是甚麼到目前還未有滿意的答案。它的影響也未有科學研究支持。相信它存在只是以經驗為基礎。人們也只是從人生變化觀察到它在時間軌道上的表現。運氣是它體現出來的情況。研究斗數的人士對命理因素的認識就好像人們早期對植物的研究般，未知道葉綠素吸收陽光的離子化過程，只知道樹葉會隨陽光變化出現釋放炭氧的循環週期。變化週期是可以按太陽的出沒規律預測的。怎樣使用週期變化的信息是人決定的。

第五節 同步資訊

人生現象是人與環境的互動產生的。在時間的軌道上很多事物同步運動，產生各種不同的信息。它們表面好像相關，實際上可能不相關，即使相關也不一定是因果關連。

（一）數字相關

這裡先舉一個斗數以外的例子：冰淇淋與水中溺斃的人好像兩種不相關的事物。不過，每一次看到冰淇淋的銷售數字上升的時候也就看到溺斃的人的數字上升。兩者在數字上出現相對上升的關係；相對上升只是因為夏天氣溫上升，多了人吃冰淇淋，也多了人游泳引致。（見下圖）

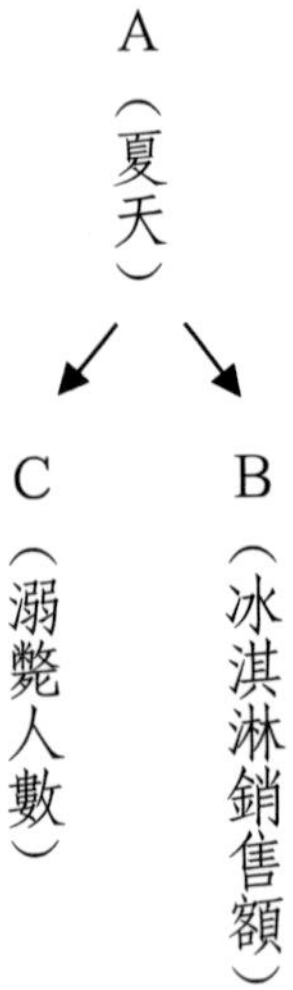

冰淇淋銷售與溺斃並沒有直接的因果關係。它們只在時間上同步。數字上的表面關係也是研

究方法中的偽關係（spurious correlation）。有趣的是碰到其中一個數字上升的時候，猜另一個同時上升的機會的命中率比一般情況高。如果有足夠的歷史數據和引起這些現象的因素沒有變動，冰淇淋的銷售額甚至可以用來預測溺斃人數的變化。這一種猜測只是數字上的關係，並不是因果預測，與知道不知道兩者都受著夏天氣溫上升的影響沒有關係。

斗數的時間與人生的關係與上面的例子類似，但有點不同：夏天雖然不是一個精確的概念，但可以用上氣溫上升解釋冰淇淋和溺斃的關係。斗數不同的地方在很多運動在同一時間進行，而時間的概念並不足以解釋各種人生現象。

（二）信息的因果

斗數的人生變化信息基本上是獨立出現的。大限、流年分別指某一類人某一個十年（B）和某一年（C）會在某一方面出現突顯的變化。大限和流年原則上是兩組不同軌道上的同步信息。

出生時間（A）→大限變化（B）

出生時間（A）→流年／小限變化（C）

這兩組不同的信息可以在個人的命盤同時出現。B和C的關係可以是獨立的，也可以是相關的。譬如說，大限的財帛宮不吉和流年（同一大限）事業宮不吉，前者主財源中斷，後者是工作波折不順。假如兩者都出現，有人可以是投資和工作分別出現問題，也有人會因失去工作令財源中斷，即是因果相連的。

斗數的信息並不一定好像工作和財源般清楚。譬如說，很多人視領導能力為紫微坐命的人的個人特質，而紫微坐命（加左右）是君臣慶會的格局，兩者是不是直接關連是未有定論的。

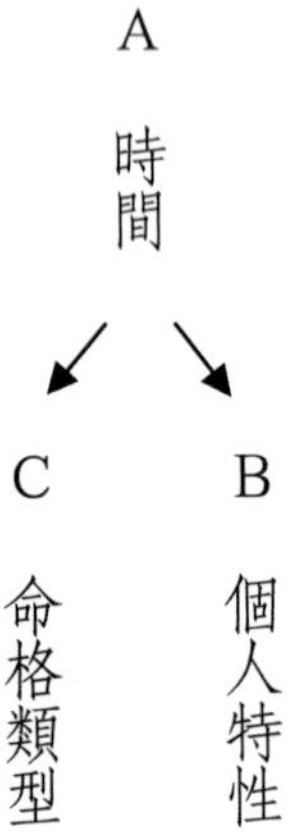

不過，使用斗數的人一般都不理會這個問題而直接討論B和C的因果關係（B→C），走入A→B→C 的假定。這一種關係實際上不可以視為當然。A，B，C之間的關係要看使用的人的定義。假如君臣慶會是與生俱來的條件。B可能只是C的部份。斗數的問題在很多事物都沒有清晰定義。

命盤不會說明信息是否相關。是否相關需要其他資料判斷。怎樣可以知道財源中斷和工作是否相關的呢？最簡單的方法是向當事人查詢，又或者用常識判斷，如從當事人的背景去猜：譬如說，當事人是上班一族，靠工作進財，那工作和財源出現條件性的關係，即是失去工作會財源中斷。當然，推算經驗豐富的更可以憑個人的閱歷，直覺，星曜的賦性等，猜測失去工作的原因（如工作失誤，厭倦工作等）——這已經是另一個層次的分析。這個例子可以看到斗數的基本作用只在提供人生的週期信息，信息之間的關係是有待使用者綜合整理分析。

第六節　非直接因果

研究命理的人認為人生隨大自然變化衍生規律。大多數過去的研究將「運」（又或者命運）當作解釋人生變化規律與人生現象之間的中介概念。它與人生現象的因果關係會如下面的示意圖：

人生變化規律

大自然(A) → 運(D) → 人生現象(E)

示意圖(一)

很多書籍都已經更新「運」的概念，不過，示意圖中的關係卻未見有人隨著運的定義更新。

（一）關係更新

運的概念並未有完全共識。這本書的運（D）（見第四章）並非單一的事物，而是人與環境互動中很多同步運動中的事物。大自然規律與人生現象並不一定是直接因果相連的，而是好像下圖：

A(大自然) - - - > D_n

D_e - - - > E (人生現象)

示意圖(二)

（Dn）是同步運動事物在時間軌道上出現的變化模式。（De）是促成人生現象的因素。這因素也並不一定是單一的事物。（De）是簡化了的表達形式。（E）是觀察到的人生現象。

非直接因果的看法是即使（A）與（Dn）有「因果」的關係。所謂因果也只是過去的（A）與（D）在信念上的關係。過去的人將（Dn）和（De）放在（D）（運）一起討論。這圖的（Dn）與（De）是同步的事物，但並不一定因果相連。（De）不一定是確定的，（De）與（Dn）之間的運作關係是未被充份理解的，只是（De）在（Dn）突顯的時候才會出現。（Dn）與（E）（人生現象）並不是一定是因果關連；（E）因為（De）出現才出現。（De）→（E）的情況只是（A）→（Dn）的整體研究的「附帶現象」①。

示意圖（二）的關係好像很複雜，但人們日常生活中亦常常遇上。舉個例說：染上感冒的人的抵抗力會下降（A→Dn），增加了細菌感染的機會（De→E）；會不會受到感染是未知道的，要視乎個人的抵抗力和環境的情況。細菌一直存在，感冒只是提供了機會。（按：如Dn有De有直接因果的關係，那是一種副作用，回到上面 A→B→C 的關係。）

---

① 附帶現象。附帶現象指英語的 epiphenomenon。見第五章註①。

（Dn）與（De）不是因果相連。（Dn）與人生現象（E）的關係不是直接因果上的，但憑經驗（過去的數據）可以從（Dn）預測（De出現的可能性，再估計（E）發生的機會。染上感冒受到感染的機會是可以估計的。受到感染的人會惹上甚麼細菌是未知道的。雖然如此，常見的是那某幾種細菌是可以透過病徵（E）了解和預測。

（二）人事的層次

更新的示意圖中，A→Dn 的關係在整體層次。回到斗數模式，命盤的祿忌是這個層次的信息，也是過去不少作者談的整體先天傾向。

（Dn）與（De）的關係從整體走入個人層次。上一章模式第六節的模式驗證所談的便是（Dn）和（De）的相對出現率。

（De）→（E）則已經是個人的研究，也是論命的層次。每個人對環境的變化都有不同的分析和理解而出現不同的決定和選擇。人事也出現個人層次的因果，也走入了現代人的社會科學研究範圍。（Dn）與（E）並未見有必然的因果關係；在條件分析上，也不會出現有「富貴雙全」（E）但沒有「君臣慶會」（Dn）的邏輯問題。

有一點需要注意的：非直接因果的想法也只一種假設。更新的關係中也未有否定命定的成份，但比較能夠清劃分論命中可以理解和未可以理解的事物界線。

第七節　心理的關係

心理是另一個層次的事物關係。很多事物表面看來是不相關的，但卻存在心理上的關係。斗數的心理影響也可以分為兩個範圍：一是個人對模式的演繹產生的；二是在論命的時候出現的。

（一）個人的演繹

信息的意義是個人化的。每個人對信息（包括信息與信息之間的關係）的理解和分析都不相同。這個範圍很廣，筆者只能夠舉些例子說明。

態度與行為。信息在文字的含義外，在心理上有另一重影響。「鈴昌陀武」主出外凶險。很多人碰到遷移宮出現這惡格會一笑置之，但也有人知道所謂出外有凶險的機會極微，也不願意冒風險出門。出現這一種現象是不是因為迷信呢？迷信是未清楚相信的是甚麼已經相信了。使用斗數的人當然有迷信的，但也有非常清楚相信的是甚麼。不出門是個人態度使然。

自我應驗。「自我應驗」是自己以為是如此便表現出「如此」的行為的心理現象。譬如說，斗數的書籍中，天梁坐命的人好做「老大」。有人信以為真，見到命宮有天梁，便以為自己有這一種傾向，以此作為參照，繼而以「老大」自居。「自我應驗」對成熟的人來說影響不大，但對年青人來說並不一樣，會影響未成熟的人的心理狀況。自我應驗的心理亦會影響人的決定。譬如說，有些人看到事業宮有轉變的信息（化祿）便想跳出現在的工作，往外闖一闖；將轉變看作「應運」。

合理化。合理化是替一些行為或現象找理由或解釋，目的在解決個人決定引起的壓力，在心理上是一種自我防衛。譬如說，有些人遇上婚外情，便以因為命帶桃花（星曜）解釋，意思是命該/天性如此，以命定論將行為合理化。

這些例子以外還有多種不同的個別情況。在此不詳細說明。

（二）諮商的演繹

命盤的信息在諮商中由第三者演繹。論命常見的是「今年會是開業的好時機嗎？」一類人生面臨轉變的問題。將來是未知的，會給人帶來焦慮。斗數以模式估計人生現象的方法並沒有客觀的統計支持。尋求諮商的人士大多數沒有評估信息的能力。他們可能已經反覆思量開業的問題，發問的目的只在希望斗數的信息能夠給予支持，減低面對將來的焦慮，而不是信息對生意的幫助。心理的影響由解讀信息而來。

解讀的人也不一定了解斗數。過去的文獻常常可以看到他們誇張現象出現的可能性和將人事吉凶極端化的情況。模式解讀是主觀的；如上一章說，貪狼化忌坐命宮可以解讀為貪心，用來解釋命盤當事人被騙的現象。這樣的演繹對當事人並沒有裨益，還加重他／她的心理負擔。這一種影響在論命經常惹來爭議。解讀的人怎樣演繹信息已不在這本書的範圍。

第八節　推理

論命最終的目的在從命盤取得信息，再結合其他資訊，分析人生的何去何從。分析需要推理的知識。推理不是理論，是事物關係分析，說明推算結果是否值得參考的方法。在斗數常見的推理有三種：演繹推理，歸納推理，和溯因推理。

（一）演繹推理

演繹推理一般指將已經確認的事實，推演到目前的觀察。譬如說，酒精在沒有被注射的情況下，都是透過食物進入人體（按：這是前提）。有人的血液在沒有被注射的情況下含有酒精；從前提推斷，這個人曾經飲用帶有酒精的食物。這一種推論需要在前提是真實的，作出「曾經飲用帶有酒精的食物」的結論才有參考價值。

很多人將斗數的人事，尤其是古籍的記載當作已經確認的事實，套用相同的命盤推算。譬如說，「太陽居午，謂之日麗中天，有專權之貴，敵國之富」（《太微賦》）。斗數的記載並沒有研究支持；「太陽居午」與「專權之貴，敵國之富」並沒有必然關係。這是學習的人亟需注意的。

（二）歸納推理

歸納推理是以經驗作出推測。經驗不等如經研究確立的知識。如「君臣慶會，富貴榮華」的意思指很多命盤出現君臣慶會格局的人都有不錯的人生，但不是指所有出現「君臣慶會」的人。斗數以模式猜測人生現象的方法實際上是歸納推理。

演繹推理因為前提已經有證據基礎，推中的機率是可以預計的。歸納推理並未有研究結果支持，猜測的命中率並沒有保證。雖然如此，以模式猜測人生現象出現的機率仍然可以透過累積的經驗，以模式為條件，計算現象出現的可能性。這一部份下一章再討論。

（三）溯因推理

有些人將研究斗數的焦點放在個別反映人生現象的信息。譬如說，流年夫妻宮遇上化忌代表夫妻關係出現阻礙。（個別現象是歸納推理的部份。）

不少研究人士不會停留在個別現象。他們希望能夠看到夫妻關係惡劣的程度，推測婚姻會不會破裂。這一類分析會從問題的成因開始。他們會從命盤收集誘發婚姻破裂的相關信息進行分析：以天盤夫妻宮的星曜組合看看個人的感情傾向，善變不善變；結婚年份的夫妻宮看看婚姻的準備；大限夫妻宮看看近年夫妻關係是否惡劣；流年有沒有「桃花」（桃花星）；比較兩人的命盤看個性是否相容等。

這一種分析從面對的轉變（破裂現象），逆推引致現象出現的條件（原因），然後從命盤選擇相關的信息確認，嘗試為現象找到最佳的解釋，再連結其他信息推斷；分析始於集合事實，過程兼容歸納與演繹的推理。這樣進行的推斷方式也叫溯因推理①。

溯因推理的程序原則上是從解釋現象開始，再從當事人收集信息，進行分析。當事人失去工作便要看看原因來自個人還是來自環境：個人的是因為個人條件還是工作內容不適合；環境的是因為人際關係還是市場出現問題等。上面從命盤收集信息的方法只是筆者嘗試以斗數舉例。這一種做法也局限於婚姻問題，因為婚姻問題較多從夫妻關係問題開始，而命盤的信息能夠顯示夫妻關係的變化。其他範圍如事業和投資經常受到環境影響，變化日新月異，斗數的結構難以包容必要的信息；不過，限運的信息是斗數獨有的，而命盤也有助顯示出一般人可能未有想及的範圍。

這一種追溯問題成因的方法透過命盤相關信息連結現代理論。推測以收集到的事實為基礎，有異於簡單的模式比對，對了解問題和構思解決的方法有很大的幫助，也讓斗數的角色從趨吉避凶，走入諮商的領域。當然，有人會認為這已經是命理以外的範圍。

① 溯因推理。溯因推理指英語的 abductive reasoning。

第九節　結語

古典斗數中的時間與人生是因果相連；所謂因果的關係是信念上的，而不是條件上的。近代研究人士傾向以命理因素解釋人生變化。這本書的斗數只是信息的研究。命盤的信息是同步的。它們之間並未有預設的因果，也需要由使用的人整理。

筆者更新了過去的時間與人生的關係；兩者並非直接因果相連。人生現象是透過各種不同的同步運動產生的。

斗數的信息走入個人層次會受到心理的影響，出現主觀的演繹。學習斗數的人士需要懂得推理，才能夠弄清楚事物的關係，不會隨意以古人的「學說」，又或「師父如是說」去解釋和處理今日碰到的人生現象，弄錯解決疑難的方向。

第七章　模式與斷驗

第一節　引言

「斷驗」指以模式推測人生現象，是論命的指定動作。「斷驗奇準」是論命人士有偏高的命中率的傳說，也是斗數令人著迷的地方。求「準」是研習的推動力，因為如果「不準」，推算也沒有甚麼意思；但如果非常「準」，研習的朋友看到自己命盤上有典型惡格「鈴昌陀武，限至投河」都會不期然担心出外遇到凶險。

很多人以為模式在論命的時候「準」，也會適用於所有人，將模式推測人事的方法當作一種理論般廣義化。斗數缺乏公開研究，加上論命的神祕性，學習人士不容易估計模式相對的現象出現的機率。不少斗數出版以「準」招徠，而未有說明「準」的意思。「準」與「不準」將「斷驗」二分。推算實際上只是說現象出現的機會高不高。坊間認真談模式推演能力的文獻如鳳毛麟角。這裡借用了兩個離婚現象的例子，談談模式的推演能力。例子原文甚為精簡，只有數理部份，筆者代為申述，和在引申討論嘗試從數理的角度談談斗數一些基本問題。文中的計算部份頗為技術性。不喜歡統計的讀者可以跳到討論部份。

第二節　模式與現象

模式斷驗是論命的人以命盤的星曜組合猜測可能出現的人生現象。斷驗率是模式與現象的數理關係。這裡先談模式與現象的關係，才回到斷驗率的問題。

（一）星曜決定現象

研究斗數有不同的假定。時間決定論中，命宮的星曜決定人生；命宮出現甚麼星曜便會出現甚麼樣的人生。從時間決論定看模式與現象並不怎樣需要研究斷驗率，因為現象出現，模式必然存在，若然不在，只是「命盤不對」。在這一種假定下，現象出現的機率可以從模式出現的機率估計。

古書中的格局是典型星曜決定人生現象的例子。譬如說，《全集．註解太微賦》中，「太陽居午，謂之日麗中天」。命盤出現這個格局的人會有「專權之貴，敵國之富」。賦中的註解認為在庚或辛年出生的人會「富貴全美」（筆者按：因為庚年出生的人的太陽化祿在命宮，辛年出生的人的巨門化祿在事業宮）。這是古人對格局的靜態研究）。

假如命宮的星曜真的決定人生，究竟「日麗中天」的「命」出現的機會有多大呢？

回答這個問需要知道太陽居午的出現機率。這機率可以大約計算出來的：命盤以出生的年月日時排列星曜，出現的組合約共60 x 12 x 30 x 12=259,200個（日以30算）。紫微在酉的時候太陽才會在午。紫微在十二個宮位出現的機會並不是均等的，在酉（即太陽居午）的機會需要以五行局計算，出現的機率[1]是：

$$17280/ 259200 \times 100\%=6.66\%$$

紫微在十二地支宮位的分佈：

紫微	分佈
子	12,096
丑	20,736
寅	25,920
卯	25,920
辰	29,376
巳	25,920
午	27,648
未	22,464
申	19,008
酉	17,280
戌	15,552
亥	17,280
共	259,000

---

① 趙鑫 1999。《超越算命迷思：紫微斗數結構分析》高雄蓮花出版社，頁 53。

命宮在十二地支的午的只有1/12的人，十個天干中，庚或辛年出生的機會是2/10。這個方法計算出來「富貴全美」的機率是0.11%。（按：這只是粗略計算，仔細的還需要調整。譬如說，月份中閏月在四月至八月比較多，即命宮在十二地支宮位的機率並非平均分配。）

若果所有「日麗中天」的人都有同樣的「命」，以此百分比計算，一千個人中便有一個有專權之貴，敵國之富，數字很誇張。這樣的數字和描述是否接近事實就由讀者判斷。（按：研究其他格局出現的機率也可以用類似的方法估計。五行局的數字是固定的。有些格局需要文昌或文曲，又或左輔或右弼，計算需要按時辰或月份調整。）

（二）時間與記錄

模式與現象在這裡只是時間與記錄的關係。上面「命盤不對」的看法未有考慮斗數結構上的不確定性（見第一章），不能令人信服。近代人士經常用「墜機」來說明模式決定現象的說法不可以相信：因為飛機乘客數百，不會有完全相同的模式，但有相同的現象出現。堅持模式決定現象的人士認為不同的模式也會出現同樣的現象；只要拿到當事人的命盤，他們便能夠說明「墜機」的道理。這只是事後解釋，不是預測；兩者不可混為一談。解釋是否合理已經不是重點。有些研究人士認為墜機不可以用個人命盤推算，因為它是大環境的劫數。「大環境的劫數」只是另一個層次的命定論，約束了個人命盤的推算極限，也結束了討論，但對研究現象的理解和分析並沒有幫助。

「太陽居午」是六十甲子命盤出現的模式，「富貴全美」是人生現象。上面的討論未有論及模式在總體的情況。離開了時間決定論，以「太陽居午」觀察整體的「富貴全美」實際上會出現：

（一）「太陽居午」出現，「富貴全美」出現；
（二）「太陽居午」沒出現，「富貴全美」出現；
（三）「太陽居午」出現，「富貴全美」沒出現；和
（四）「太陽居午」沒出現，「富貴全美」沒出現。

這四個組合的橫切觀察，原則上已經包括所有可能出現的情況：第一類是主要的研究對象。第一類和第三類都是出現「太陽居午」的人士。第二類已經包括模式與現象不相符的情況。第四類人士不是研究的對象。研究人士只要知道第一類和第三類在總體出現的機率便可以計算出以模式在一般人猜測「富貴全美」的命中率，不過，計算方法比上面的複雜，也需要基本的數據。

第三節　假設案例

斷驗率反映現象出現的可能性。模式從週期現象產生。以模式推算需要人生現象在時間週期上重覆出現。墜機到目前只是個別獨立事件，未見在時間週期上重覆出現，也談不上斷驗率。假如現象經常重覆出現，研究人士便可以以過去的記錄計算現象出現的可能性。斗數到目前仍然未有這一類研究記錄。儘管如此，研究人士仍然可以從假設性的例子，說明模式的推演能力。《現代紫微》中有這樣的一個例子①：

（一）總體的情況

假如論命的時候見到模式T，離婚亦經常出現；那碰到T，離婚出現的機率會有多高呢？回到第二節「太陽居午」和「富貴全美」出現的情況，假如T是離婚的模式（②，參見第四節），

①許興智《現代紫微第五集：「革」祿命法的「命」》，了無居士，龍吟文化事業股份有限公司，台灣 1993，頁 116-126。

②離婚的模式。離婚是現代人的現象，並沒有一定的模式。古人不叫離婚，但也有各種不同的模式說明各種婚姻問題和狀況，如生離，刑剋，不得力等。在《全集》中，主「離」的模式不少，如夫妻宮天機加巨火刑忌，武曲加四煞，廉貞加四煞，貪狼加四煞，巨門加四煞遇文昌，破軍加四煞，羊陀加四煞機巨武殺等。

即是見到T亦常常見到離婚的現象：以T觀察總體，已婚人士的命盤會出現

（一）　T出現，離婚出現；
（二）　T沒出現，離婚出現；
（三）　T出現，離婚沒出現；和
（四）　T沒出現，離婚沒出現。

模式T出現，離婚又出現的機率需要以已經註冊結婚的人士作為計算的基數。在台灣地區，法定婚姻需要當事人向政府當局登記。離婚也需要登記。離婚率是登記結婚後再登記離婚的百分比。一九八四年台灣地區的官方統計中，每四十五對登記結婚的夫妻中便有兩對離婚①。

離婚率=2/45x100%=4.4%

即是說，在已婚人士中隨意猜測離婚的命中率是4.4%。

① 台灣內政部的統計：二零一四年的粗離婚率是每千人2.27對。一九八四年的每千人1對。

（二）條件觀察

在總體以模式作為條件進行觀察，對象已經不是一般已婚人士，而是已經縮小到已婚又具備模式的人士。在這一部份人士中，離婚出現的機率與一般性的總體觀察的4.4%便不一樣。簡單一點說，命盤出現T的人士的離婚機率會不會比沒有T的高呢？如果比較高，又會高到那？這種情況在統計中可以用條件機率的方法計算，修訂出現的機率①。

（三）主觀的斷驗率

第二節提過，在總體以T觀察離婚現象會出現「離婚有T」，「離婚沒有T」，「沒出現離婚有T」，和「沒出現離婚也沒有T」四個類別。理論上只要知道第一類和第三類的出現機率便可以計算一般情況下以T猜測離婚現象出現的命中率。

不過，論命的經驗是主觀的。模式斷驗率因人而異。有些論命人士的吻合率（即斷驗率，

① 這裡需要注明，條件機率探求的是事件(events)與事件之間的關聯。原則上以條件機率計算T與離婚只是統計數字上的關係，並不意指兩者之間有因果或時序上的必然關連，即使T表面上比離婚早出現。

下同。吻合率是原作者有T又有離婚的用語。）很高，達95%；但也有些人的吻合率不高，只有45%，甚至更低。即是說不同人士使用的時候會有不同的吻合率。

例子的作者假設以前的論命人士的經驗中，T的吻合率有95%（出現模式T又離婚的）。現在的研究觀察中，吻合率只有70%。兩個數字不同有各種不同的原因，如抽樣方法，不同時代的現象等。換句話說，觀察中有30%的人有T，但沒有離婚。

70%的數字比前人的記錄低。在總體，一般沒有用上模式觀察的情況是4.4%。相對來說，70%仍然算很高。有了這些數字，以T猜測總體中有這個模式的已婚人士出現離婚的吻合率便可以計算出來。例子的作者分別用D代表離婚的現象，T代表用來推算離婚的模式，而

（D+）有離婚的人士；

（D-）沒有離婚的人士；

（T+）有模式的人士；和

（T-）沒有模式的人士

每四十五對登記結婚的夫妻中便有兩對離婚。

P（D+）=0.044 是離婚出現的機率

P（D-）=1-P（D+）是沒有出現離婚的機率

按：筆者沿用原作者的格式，方便讀者參考原著。一般統計書籍會用P（D）及P（Dc），P（Dc）=P（D-）=1-P（D+），P小c代表求補規則（complementary rule）的相對機率。

從下面的圖可以看到總體的情況：已登記結婚的人士中，離婚的機率是4.4%。前人觀察離婚與模式吻合率達95%；假定這個吻合率存在，以這個吻合率估計有離婚又有模式的類別的出現機率，即是在圖中第一類；是4.218%（0.044x0.95=0.04218）。

現在的論命觀察中，很多命盤也有模式但沒有出現離婚的情況，類別即是圖中的第三類；出現的機率是30%。以這個機率估計在總體出現有模式但沒有出現離婚的機率是26.68%（0.956X0.3=0.2868）。

模式T出現的總機率 =0.04218+0.28680

=0.323898

以模式計算在總體出現離婚的機率=0.04218/0.32898
=0.1282或12.82%

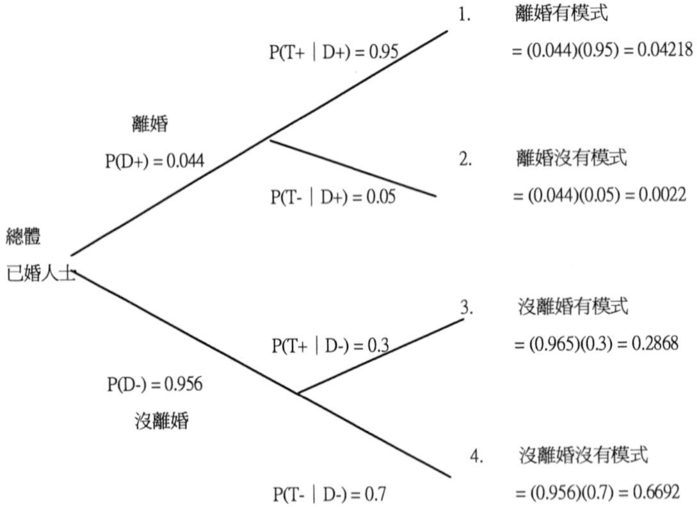

12.82%這個數字也叫作修正機率。它指出以模式作為條件猜測人生現象可以提高的命中率。不過，12.82%的機率只比原來的4.4%高了一點；甚至可以說仍然很低，反映以模式在總體猜測離婚人士的命中機會相當低。按：這一部份原作者用貝叶斯定律（Bayes' Law）的公式計算①，筆者改用機率分佈圖，方便讀者理解。

$$P(D+ \mid T+) = \frac{(P[D+])(P[T+ \mid D+])}{\{(P[D+])(P[T+ \mid D+]) + (P[D-])(P[T+ \mid D-])\}}$$

$$= \frac{0.044 \times 0.95}{0.044 \times 0.95 + (1-0.044) \times 0.3}$$

$$= 0.1282 \text{ 或 } 12.82\%$$

①貝叶斯定律／推理是ThomasBayes在十八世紀開始用來計算條件機率的方法。定律有代數公式，方便運算。這定律是一般大專統計課的基本內容。讀者也可以在一般統計入門書籍找到。按公式輸入所需要的數據便可以運算。貝叶斯定律的計算方法可以在多個條件下使用。例子的作者只是代入下列公式計算。

（四）案例引伸討論

離婚的例子旨在說明一些在論命的時候斷驗率非常高的模式在總體的推演能力。案例中有幾點需要特別一提的：（這一部份已經是原作者範圍以外的討論。）

其他模式。案例的分析和計算方法也適用於其他個人特質，格局，祿忌軌跡甚至宮干四化等較為複雜的模式。例子說明即使論命時候的個人斷驗率非常高，並不等如模式在總體其他人的斷驗率也同樣高。相同命盤的人會出現相同人生事項的可能性並不太高。換句話說，遇上惡格的朋友也不用過分擔心。

偏高的吻合率。這個例子令人感興趣的地方不在吻合率修正後在整體的命中率提高了多少，而在為甚麼偏高的吻合率會在論命出現。這裡的「過去的吻合率」是未知的，因為斗數並未有公開的研究數據。95%是作者的假定。筆者估計作者假定過去的95%是源於有些研究人士將斗數以模式推測人事的方法當作理論般演繹而設。實際上的吻合率會比這個低。作者的主觀經歷是70%。（也參見下面第四節）很多研究斗數的朋友的吻合率沒有70%，但也會遠高於總體的機率。吻合率高主要因為例子中的研究對象是偏差的。很多人面對人生轉變才論命。研究對象再經過定盤選擇。斗數的模式從這一類對象總結，推斷的對象也是這一類，也就是這偏差的一群，模式在這群體中的演算能力便不一樣。

精確與模糊。這裡的離婚是比較清晰界定的人生現象。假如模式反映的不是精確的離婚，而是比較模糊的「不愉快的婚姻關係」便不一樣。模式相對的現象愈模糊，出現的機會愈高。有研究指出不愉快的婚姻達已婚人士中的 1/6 ，那已婚人士的「不愉快婚姻」率便不等如4.4%而是16.67%，更高的機率。相應而言，主觀的斷驗率的70%也會提升。假如作者70%的吻合率提升到85%，讀者代入數字便可以計算出修正機率超過55%。即是說，以模式作為條件猜測，猜中模糊的人生現象的命中機會便大大提高。精確與模糊在修正機率的數理上是相對的。不過，模式在使用上愈不精確愈依賴使用者詮釋，當然也愈不容易進行量的分析。

斷驗率可以提高嗎？上面的斷驗率是假設狀態下的分析。如第四節說過，主觀斷驗率偏高與選擇對象有密切關係。選擇對象是提高斷驗率的方法。人事上，推算不是單一的模式比對。研究婚姻破裂的問題也會從命盤追尋個人感情的傾向，個性的相容性，婚姻的準備，行運中的關係，有沒有遇上桃花等的相關信息。（見上一章）這一種推算型式以過去的人事發展估計結果。從歸納邏輯來說，具備愈多這一類條件的人離婚的機會也愈高。當然，這一類猜測已經離個別模式的斷驗率，而信息的來源也不拘限於命盤。

數值與價值。上面計算出來12.8%的修正機率數值不高。不過，數值不等如價值。假如模式是「鈴昌陀武」的「出外有凶險」，又或者一些特別的疾病，修正的12.8%的數字會比一般統計的發生率高很多。模式在傳統的趨吉避凶的思維中便另具預防性意義。譬如說，有些研究斗數的人士使用斗數觀察健康狀況，以星曜組合比對疾病。家族的病歷史和遺傳輔導服務當然比斗數更有助於預測，不過，一般人不一定有清晰的家族病歷史或無緣無故進行基因測試，斗數的作用在未有甚麼事情發生的時候提醒使用的人注意多一點某方面的健康問題。

命定成份。斷驗率/吻合率能夠反映命定的成份嗎？模式是出生時間決定的。從現代人的角度來說，離婚在時序上是婚姻關係問題出現之後的選擇，是人的決定。離婚模式的斷驗率實際上包括了命定和自由意志的成份。假如斗數有婚姻關係問題的模式，研究便可以從婚姻關係出現問題的人選擇離婚的比率了解多一點「命定與自主」的關係。筆者到目前仍然無緣接觸到這個範圍的研究。

未知的將來。人生變化在時間軌道上是縱向的。推算的現象不一定在過去或現在，而在將來。譬如說，有人會在結婚的時候看會不會離婚。婚姻將來發生什么變化是沒有人知道的，尤其是涉及自由意志的範圍。推算只是猜測。無論離婚條件的斷驗率是95%還是70%，當事人可能是猜不中的那一個。斷驗率背後談的只是概率人生！

第四節　觀察案例

上面只是單一模式的假設性例子。回到紀時紀事，不同的星曜組合可以反映同一現象，如墜機不一定是「鈴昌陀武」，也可能是「廉貞七殺」。這一種情況又會如何呢？坊間有一位作者作了記錄進行分析。

（一）離婚案例

這也是一個離婚的案例①。作者將下面在古籍中經常見到的婚姻問題模式，列為構成離婚的條件，對親友的命盤進行觀察：

（一）夫妻宮在寅申坐紫府加左右
（二）命身武曲坐守——夫必先死，若不再嫁，必守寡
（三）夫妻宮坐廉貞

① 張凱元《紫微斗數之迷與悟》，進源文化事業有限公司，台北，2015，頁420-430。

（四）夫妻宮坐廉貪（比上面更凶）

（五）夫妻宮巨門加煞忌

（六）武曲七殺在夫妻宮

（七）武曲破軍在夫妻宮

（八）夫妻宮在寅申，坐貪狼加四煞、左右、空劫

（九）左右坐或夾夫妻宮

（十）夫妻宮坐羊陀加空劫

（十一）天姚在夫妻宮，遇煞忌、破軍、貪狼、左右、主再婚。

（二）觀察結果

他的樣本總數266人。結果是離婚人數48人，當中具備離婚條件者32人，不具有離婚條件者16人；正常婚姻（沒有離婚）者218人，當中具有離婚條件者39人，不具有離婚條件者179人。

離婚條件＼離婚	有	沒有	總
有	32	39	71
沒有	16	179	195
總	48	218	266

他的總評只簡單地指出命盤具有離婚條件者，的確比較有可能離婚；而不具有離婚條件者的離婚機率則偏低。

（三）結果的引伸討論

斗數受到資源限制，一般研究只能夠做這一類探索性的觀察。當然，受到方法所限，研究結果只能夠是作者的主觀經驗，不能夠廣義化。上面的觀察內容和方法雖然簡單，但也有三點值得一提的。

偏差樣本。是次觀察的離婚案例佔大概26.7%（71／266）。這個數字遠高於一般的粗離婚率。作者沒有說明命盤的來源。筆者估計很多案例與論命有關，但不一定與婚姻有關。案例是前面說過的偏差樣本。

條件模式。作者的條件模式不是一個，而是十多個，說明了不同的星曜組合可以反映同一現象。不過，這十多個星曜組合包含不同的現象。譬如說：「身武曲坐守，夫必先死，若不再嫁，必守寡。」指的不是離婚。又，並不是所有人都會同意他的條件模式。有些人認為化忌加煞走入夫妻宮也是離婚條件。筆者不是說作者的條件模式出現問題，而在想指出研究上的困難，因為不同門派或人士所用模式不同，不容易整理。

統計與推演。上面的結果確認了第二節的四種情況。他的主觀吻合率沒有上面的作者的70%，只有45%（32/71）。以此代入上面的公式計算，模式在總體的推演能力更低。不過，研究斗數的重點並不在建立或確認時間決定論，而在估計現象出現的可能性。

作者只簡單地比較具離婚條件者和不具有離婚條件者的離婚機率，兩者分別是45%（32/71）和8.9%（16/179）。這兩個數字差異很大，也不用多作解釋；但也不能隨意廣義化。不過，假如很多研究都一致地出現大概相若的結果，那是說斗數論命是找尋他們的有效方法。45%的斷驗率並不高；以這個百分比去猜離婚會不會出現，命中的機會不及一半；但斗數並不是以單一模式推算，提高斷驗率就回到上面3.4的討論。

第五節　小結

這一章嘗試從數理的角度探討模式與現象的關係。在時間決定論下，模式與現象是必然相對的；換句話說，從模式在命盤出現的機率便可以估計現象出現的機率。這一本書中，模式與現象是時間與記錄的關係。以模式估計現象相對出現的機率也叫做斷驗率或吻合率。它的計算方法與上面模式與現象必然相對的情況不同。筆者選了個例子說明。例子是假設性的，旨在指出有些斷驗率非常高的模式在論命以外的情況下的推演能力並不高；即是一般人看到命盤上有惡格也不用過份担心。筆者也選了另一個例子說明模式與現象一同出現的比例遠高於非模式與現象的比例。兩個例子還有很多值得討論的地方。筆者希望讀者能夠舉一反三。有一點要特別一提：跑去論命的人是偏差的一群。假如很多研究都出現第二個例子相若的結果，那是說斗數是找尋他們的有效方法，以模式推測人事現象的方法也適用於他們。不過，這需要研究人士願意分享他們的案例統計，共同研究才可以作出結論。事實上，認真從數理的角度研究斗數的人不多。筆者在這裡特別感謝兩個案例的作者！

第八章　信息的層次

第一節　引言

古籍的賦文和現代書籍的「星情」都是斗數的信息。它們都經過加工；很多事物捆綁在一起。這是斗數「玄」的尾巴。學習斗數需要懂分析信息，才能夠充份掌握它們在不同情況和場合中的參考價值。前面已經談過很多信息的內容和整理的方法。這一章嘗試從本書的理念和分析架構出發整理、補充和說明信息在不同層次的作用和介紹一些連結現代知識的方向。

第二節　整體分類

斗數的模型以時間統攝人生變化。它以時間將人分類的方式將人定點定性。命宮在它的結構中連結命與運，也連結了整體與個人。

（一）命與運

前面說過，命運是人生整體變化的描述。命與運經常被用來解釋人生現象。這一類解釋以命定論說明人生；人與環境的互動只是黑箱作業。「命定」的解釋當然不能夠令人信服。「事物關係」一章中談過，命格、命造等與人生現象不見得有必然的條件關係：命盤出現君臣慶會的人不一定有創造人生的特性，具備格局和特性的人不一定要創造人生，要創造人生的人不一定遇上環境的機遇，即使遇上機遇也沒有人確知人事的結果。命盤出現君臣慶會，透過努力不懈才有成就的朋友並不容易接受命運是成功的主要因素。這一種看法下的命與運在人生現象中有甚麼角色呢？

斗數的命與運包括人生狀況和形勢，不是單一的事物。從條件分析的層次來說，斗數的信息反映的是時空中可能出現促成人生現象的前置條件（Pre-condition）：命盤出現格局的人可能具備個人特性，具備特性的人還需要培養和訓練才發展出能力；有能力也需要創造人生的意向；有了能力和意向還需要機會和行動去體現。從這一重一重的分析可以看到人與環境互動在不同時間和空間中所需要的發展條件和結果。這些發展條件在論命的時候有些是可以知道的，也有未知道的；有先天的，也有後天的；有個人能夠自主的，也有環境主導的。研究命運的重點在怎樣從現在既定的條件出發，按個人的條件和目標過渡到將來。

從現在過渡到將來的人生變化是運。命理學家從人與環境互動記錄發現事物變化的規律；變化的信息可以用來預測。了解命與運可以讓人更有效地作出策略上的部署，知道個人創造的條件可以在甚麼時候會用得上，和甚麼時候需要調整人生的步伐和期望。

（二）整體到個人

論命的命盤是個人的。從命盤「下載」的資訊是同類人的，不是個別人士的，所以在使用上需要注意：（一）個別差異。這一部份是斗數的盲點。舉一個例說，命盤可能看到人的聰敏（如文昌坐命，見星垣論），但看不到人的智商有多高。同樣命盤的人不等如有同樣的智商。使用斗數需要結合現代知識才能夠明白個別化的現象。

（二）自由意志。前面已經談過，自由意志令人事產生個別化的因果。斗數的信息，尤其是四化的祿忌，經常反映人心求變。簡單的模式比對會讓信息的應用停留在整體的階段，並未有走入個人層次，所以只能夠停留在吉凶的論斷。變化現象的討論可以讓當事人從命盤的信息追尋現象的源起和發展，掌握各種人事的因果，了解身處的境況，然後構思和學習怎樣面對人生的問題和變化，不停留在吉凶的論斷。當然，這一種分析需要懂得溯因推理和收集命盤以外的信息。論命的人也需要對事物關係有一定的認識才可以進行。

第三節 人事

斗數以十二宮記事。十二宮是範圍。這本書中，解釋人生現象的方法已經獨立於時間的因素，也不囿於十二宮的人脈結構。個人的生理、心理和社會關係（bio-psy-social）是人與環境互動，產生人生現象和分析的架構。這三者互相影響，涉及的範圍並不是三幾千字能夠說清楚。這裡只能夠簡單地說明十二宮與現代架構連結的地方。

（一）生理

生理不是斗數的重點。斗數這方面的信息主要在命宮和健康（疾厄）宮，內容大致上可以歸納為外形和和健康。古書對人的外形的描述可見於《全集．形性賦》和《全集．星垣論》，如廉貞坐命的人會是眉闊、口寬、面橫，好忿好爭。近代的書籍會將「形性」分開為相貌（即外型）和性格。性格在下一節再說明。相貌上，有些現代作者會以圖片說明①。斗數以命宮將人分類，

① 范俊明《紫微斗數算命．第五章》，鷺達文化出版公司，香港，二零一二，頁 20-24。作者只提供名人照片說明，如劉德華命宮內的主星是廉貞。

相貌在今日常見的作用是用來「定盤」，意思是很多這一組星曜坐命宮的人會是這個樣子的。有些早期的論述將相貌連結命宮主星的性格特徵，解釋人生現象。不過，這一類信息並沒有研究支持。

古人叫健康宮作疾厄宮。健康的信息在古書中只有簡單的描述；主要是疾病的表徵，如遇太陽是「頭風寒濕之災，加羊陀，陷地，目疾。」（《全集．論命身十二宮吉凶星訣便覽》）。現在比較有系統的研究將疾病分為可從命盤預知的和未可預知的；後者是由未知的外界因素引起的疾病，如流行性疾病，職業病，意外受傷等①。這一類現象可能是過去「疾厄宮」的「厄」的領域內。「厄」是未知的範圍，也不是這本書能夠覆蓋的。

① 中國台灣的紫雲在《斗數論疾病》（時報文化出版企業股份有限公司，台北，一九九六年版）有較完整的論述。讀者需要注意的，這一本書面世的時候，基因圖譜，遺傳輔導服務等還未出現。

可能預知的範圍主要是受遺傳影響的疾病。近代的研究從疾病的表徵走入較有系統的分析。研究人士將宮位和星曜連結五行，再以中醫的五行系統分析。當然，到了今日，個人體質傾向的知識已經有現代的醫學和遺傳學等代替。定期的體格檢查遠勝於流年大限的信息。儘管如此，很多疾病表徵不到時候不會浮現出來。在未有家族病歷記錄和遺傳輔導服務，又或者是疾病表徵出來了，但卻未能夠找到背後的原因的情況下，筆者不排除斗數的信息可以作為另類參考，但必須緊記：斗數的信息僅限於研究可能出現問題的範圍。命盤不會開出處方。

（二）個性

個性有生理的成份，也有心理的成份。個性在古書如外形般只有簡單的描述。（按：筆者用「個性」而不用「性格」主要因為斗數早期所談，如廉貞的好忿好爭，是個別行為表現而不是整體的描述。）到了近代，斗數在個性方面的論述比較有系統，除了以日常生活中的概念標籤外，再細列行為特色說明。個性特色如相貌一樣常常被用來「定盤」；當然，這一種方法也有可信性和有效性的問題。個性也常常連結個人能力、動機等解釋人生現象，如武曲坐命的人剛直決斷，女性武曲坐命影響婚姻。類似的解釋走入命定論。當然，封建時代是盲婚啞嫁的年代，個性對婚姻的影響遠較今日為高。不過，這一種解釋方法低估了後天學習和環境因素的重要性。很多個性問題在現代自由戀愛的婚前交往已經被處理。婚姻後出現的問題不一定源自個性。以個性解釋婚姻問題或其他人生現象容易以偏蓋全，錯誤歸因。

（三）人生發展

人生發展是學習現代斗數的基本知識。這一方面的作用有二：一是讓學習斗數的人掌握人生不同階段的變化和需要。譬如說，發展心理學①中，人生走入不同階段便出現不同的變化和需要，如步入成年便需要為工作，建立家庭等作出準備。未能作好準備經常是人生出現窘境的誘因，也經常是論命的重點，趨吉避凶的對象。近代的研究中，有些作者嘗試以五行局的大限劃分人生階段②，如成長期、發展期等。不過，五行局的時段因為起運歲數不同，並不統一，也沒有研究證據支持。筆者認為人事分析還是回到發展心理學較為適宜，因為它具研究支持；同時發展心理學以人為中心分析人生問題，也比較能提供解決問題的行動指引。舉個例說，很多「宅女」

①發展心理學是研究人生發展的心理學。讀者可從參考R.Havighurst（1900-1991）的發展任務理論。

②中國台灣的張玉正在他的生涯規劃的論述中便以大限規劃人生階段。

看姻緣，找對象，但她們即使「姻緣運到」，也要走出自己的生活，學習與人溝通，發展社交技巧才容易成事。解決問題的方法不是來自命盤，是來自使用斗數的人對人生現象的理解和分析。

第二個作用在解釋個別差異。為甚麼相同命盤的人會有不同的際遇是過去的時間決定論未能夠解釋的。很多近代作家認為相同的命盤只好像相同的種籽，坐落不同的環境便衍生不同的人生變化。他們常常舉遷移宮化祿為例子：相同命盤的人中，有人選取到外地謀生，有人留在原地；前者得到很大的發展，說明遷移宮化祿，發財在遠方的說法。這是以「地」運——個人以外的環境因素解釋個別差異。當然，對這本書來說，往外發展是人生的選擇。選擇不是來自命盤，是來自形勢的分析和了解，包括個人與環境兩方面的因素。遷移宮化祿只是分析人生轉變其中一項信息。在外能不能夠發展還是要先回到個人層次，看看個人條件或可能創造出來的條件是否能夠在轉變中的環境發揮；然後，還需要看後運。

理性的選擇建基於個人的價值取向。價值取向在社會文化對個人的期望中產生。人在成長中接觸的事物和環境不可能完全相同（即使是雙胞胎）；價值取向和相應的選擇也不會完全相同。這是以發展心理學的知識，從個人發展的層面解釋個別差異。

（四）社會關係

社會關係是個人參與環境的活動產生的，也是環境對個人的影響的主要來源。古今人與環境的關係架構差異較大。十二宮是封建時代社會關係的人脈結構，流傳下來的資料只能夠選擇性地使用。命盤當事人能夠自主的經歷範圍內的信息當然會較具可信性和有效性（見第五章），也較參考價值。

自主與人事。十二人事宮位中，命宮和健康宮談的是「個人」的範圍；命宮所談的多是個人心態，而健康宮是生理狀態。兩者都有可自主的成份，但都不是社會關係的重點。財帛宮、官祿宮、福德宮和遷移宮的重點在個人能夠自主的經歷，也是最能夠體現自由意志的範圍。這幾個宮位古今的性質基本上相同，但略有分歧，如過去的官祿是在官僚架構中辦事，現在也可以是個人的生意；不過，兩者都沒有離開謀生的概念。有人認為福德宮反映「福氣」，是精神的事物，但亦有人用來看投資理財。不論是精神還是物質，兩者都談生活素質。遷移宮從出外被廣義化到人際關係的宮位。

這些宮位的內容是人生的重要部份，而當中的決定和選擇直接影響人生的起伏。過去和現在的研究重點都在當事人對變化的反應，差異較少，一致性較高。宮位信息的可參考性亦較高。

與其他人的層次。斗數在十二宮借用了封建時代的大家庭父母、妻妾、兄弟、子息、奴僕的關係。這個架構所記載的信息亦未有嚴格整理，如兄弟宮可以用來記載兄弟數目、關係、是否得力、甚至兄弟姊妹的人生旺弱等。大家庭的制度到了現代已經變成核心家庭，也不再有奴隸。這些大家庭的宮位中，只有個人與各親屬的關係仍是個人可以自主的經歷，這方面的信息仍有一定的可信性，而當中夫妻關係因為核心家庭不同父母兄弟，對象只有一個，信息也更清晰，也更具參考意義。

封建時代的大家庭概念也在田宅宮延伸到個人與家族的關係。古人的田宅宮談祖業，主要是家族產業與家宅的自置與承傳。這個宮位的性質到了今日有了轉變：田宅宮的祖業改變為今日的個人的房產和遺產，沒有了祖業產權的成份。與家族的關係走入了家居生活如裝修等各種現象。宮位的內容上增加了自主的成份。

斗數在十二宮的基本架構外，亦會用上星曜描述與其他人的關係，如天魁天鉞是貴人，左輔右弼是身邊的人：如在事業上可能是左右手，可動用的人力資源；在家事上可能是幫倒忙的，增加煩惱的「異已」。這一種關係並沒有特定的目標對象。（按：天魁天鉞左輔右弼文昌文曲常被稱作六吉星。文昌文曲與人與人之間的關係無關。）

有待研究的關係。現代人的生活比封建時代複雜，個人對外界的關係在家庭外，也出現了朋輩，組織／社團，制度，甚至網上的虛擬社群等各種從社會學產生的不同分析單位。十二宮位的設定是既定的結構，範圍的內容與今日不盡相同。不少近代作者嘗試從現存的架構，觀察不在十二宮的入事關係，如以父母宮看與長輩的關係，子女宮看晚輩的，兄弟宮看朋輩的，奴僕宮看下屬的和生意合夥人的，遷移宮看上司的。不過，看法並不統一：也有人主張從父母宮看與上司的關係，遷移宮看合夥人。使用的人士大多都未有說明。

筆者認為人事範圍的整合需要宮位基本元素相同，信息才可以勉強廣義化。十二宮的人事關係基本上有兩個方向①：一是關係與家庭連結。關係是原始的，出現的時候一般不涉及利益。父母，兄弟，子女，夫妻和田宅宮的家族關係都屬於這一類。二是關係是與其他人接觸產生的，是可以作為獲取利益的工具。奴隸，遷移宮的關係便屬於這一種。以此分類，父母宮所載的信息是第一類。以它過去的記錄觀察與上司的關係便有適切性的問題。（家族生意中例外。）同樣道理，古時的奴隸是個人資產；奴隸制度中的資產所有權不再存在，但生產上的支配關係仍然存在於現代組織架構中的上司與下屬的勞動合同（僱用合約）。

①這裡指的是近代原始關係（primary relationship）和工具關係（instrumental relationship）。

在對象所屬的宮位的研究中，有人認為與生意的與合夥人的關係應該觀察奴隸宮，也有人認為應該看遷移宮。不過，他們都鮮有提出合夥人的定義和生意的實際操作形式。合夥人對生意的決定權一般由股本決定，但合夥人在不同地方註冊亦有不同條件和形式，操作上亦會出現各種不同的情況，如有些人只出錢而不負責操作。「合夥人」的概念亦常常被借用到股份公司的股東關係。筆者認為這個問需要回到合夥人的定義和生意操作上的關係才作出決定。

第四節　變化

人生變化是斗數的主題，也是使用的人最希望能夠掌握的。斗數這一部份的資料很豐富，也經常被納入「運」的研究。變化的信息蘊藏在星曜，宮位，格局，四化，宮位的互動，特殊的星曜組合等。過去的研究並沒有統一的方法，如星曜便有甲、乙、丙、丁等的等級，又或主、吉、煞、輔等不同功能。星曜在宮位的強弱如廟旺利陷也有四級到七級的不同級數。門派之間最大的分歧也在怎樣整理和選用變化的信息。這裡的重點並不在解決這些的分歧，而在怎樣了解各種不同的描述。

（一）時間與重要性

時間是推算的焦點。斗數以十、十二和六十作為變化週期。這一點相信不用再重覆說明。天干地支只是序列，命宮是時間的定點。研究人士經常將重要性與影響有多長遠一起討論，如流年的轉變一年即過，較為次要。大限的轉變影響較為深遠。當然，這只是常理。今日的社會有異於往日。有些年青人可以在短短數月內，研發出手机的應用程式，所賺的錢可能比他餘生的多。人事的價值是主觀的，那一種變化比較重要還需回到人事的層次分析。

（二）性質

斗數研究人事變化的重點在性質，而內容主要是以星曜記載，如刹破狼是較激進的，機月同梁主保守。（筆者按：刹破狼加煞才有較大的變化。那轉變的信息是刹破狼的，還是「煞」的，還是兩者的化學作用的仍然有待研究。）在人生事項上，財帛宮的星曜化祿顯示財源開闊順遂——有人會再以星曜說明財源的性質，但能夠增加多少並未有可以參考的記錄。量不是研究的重點。

（三）強弱

強弱比對常常被用來形容與運連結的變化。走上「強運」或「弱運」是綜合性的描述。過去的斗數研究以星曜坐落的宮位的廟旺利陷，甚至以打分量度強弱。這一類方法仍然有人使用，不過，可信性經常被質疑。另一種常見的是以星曜組合如紫府廉武相，刹破狼等說明（見前）；那即是星曜組合在顯示性質外也顯示強弱。簡明一點的研究便以主要星曜的多寡說明強弱。

（四）動靜與順逆

運的強弱需要結合四化分析。四化是轉變的信息，在標誌突顯的變化範圍外，也是變化增強的信號。祿和忌是變化的方向。化祿在個人能夠自主的範圍是過程順遂，化忌反之，是挫折。四化在流年和大限出現便組成各種人生起伏的變化模式。人生軌道不遇化祿或化忌是靜運；靜運是一般的變化。遇化祿或化忌是動運，變化增強。動靜運不是獨立於個人自主與環境互動的元素。簡單一點的例子說，在六、七十年代的中國，工作是分派的，大限和流年事業宮都化祿並不意味工作會出現改變。今日，即使機會來了，人也不一定選擇轉變；而相對選擇出現的順逆經歷也不一定出現。

（五）變化形態

斗數以煞星反映變化的走勢。斗數的基本煞星有地空、地劫、火星、鈴星、擎羊、和陀羅六顆。「煞」有削弱、損壞的意思。「遇煞」意味運勢遇上破壞力。這是封建時代重安逸輕轉變的聯想。

當然，今日的社會日新月異，變化頻密；而轉變也意味機會。研究的看法已經不相同：「運」的走勢就好像股市指數般，一浪接一浪，出現高低的起伏，也出現各種不同的形態。煞星描述不同的形態：地空如半空折翼，是變化的幅度；地劫如浪裡行舟，是反覆的程度。火星和鈴星是事物發展的能見度。火星的性質是明顯的，形凝爆發性的。鈴星是不太明顯的，零星分散的。擎羊和陀羅是走勢的阻力。擎羊是剛勁的，陀羅是柔韌的。火星、鈴星分別加上擎羊、陀羅成為特別的形態，也是所謂「吉格」。──《全集》中已經有頗清晰的記載，只是古人的語言和對人生轉變的價值取向與現代人的不同。

當然，最重要的是「運」的走勢形態並不是獨立於其他強弱順逆等的分析。譬如說，貪狼化祿遇上火星是突發的跡象的說法便包括了剎破狼的波動性質，火星爆發性的走勢和化祿的增強方向。

第五節　預測與解釋

怎樣綜合整理不同的信息，分析人生現象已經走入了藝術的範圍，並沒有一定的法則，最重要的是過得了邏輯那一關。儘管如此，筆者認為整體上，仍然可以從預測和解釋兩個方向，將信息組織起來。

（一）預測

斗數的研究重點在從週期性轉變，總結出描述人生變化的模型。模型的基本作用在預測。所以，信息在使用上以時間為主導。簡單一點說，論命最好能夠先找到對應人生變化軌跡的命盤。這是過去論命的「定盤」工序。定盤中，大限流年的突顯現象（如四化）能夠反映變化的軌跡，可信性也比較高。個人特性，命局一類信息的作用次之。經過這樣定盤的命盤的預測能力理論上也比較高。推算人生現象便以宮位的星曜進行猜測。命盤的信息是整體的。這一種猜測只是一般整體的變化。推算個別化的個人現象需要命盤以外的信息。

（二）解釋

解釋人生現象走入個人的層次。過去的研究人士嘗試在斗數的架構上追尋人生現象的源起。個人特性、命格、大限的變化等的信息都被用來解釋人生現象。如前面談過，斗數的人事架構已經過時，也未能包括人與環境互動的信息，並不足以解釋現代的人生現象。解釋人事需要選用現代知識，再結合個人與環境的資訊才進行分析。不過，能夠掌握斗數信息對搜集資料和分析有很大幫助。譬如說，看到福德宮出現地劫化忌的投資人士不妨檢查手上的投資組合和策略。怎樣理解和分析人生問題也就是現代斗數與古典研究最大的分別。

第六節　小結

斗數的資訊大概可以從人的分類，人事範圍和人事變化三個方向整理分析。整體分類提供時空中可能促成人事的前置條件的信息，也讓人認識到創造人生的條件有與生俱來的，也有可以學習的。使用命盤的資訊，需要分辨整體和個人的層次。斗數以十二宮位記敘人事。很多十二宮位的範圍已不合時代，需要更新。變化的信息是斗數最獨特的。它描述人事在時間上的重要性、性質、和變化上的強弱、動靜、順逆、和走勢。命盤的信息可以用來預測人生變化；解釋人生現象需要命盤以外的信息。

第九章　綜合整理

第一節　引言

論命最基本的作用在提供命理信息。在此之外也幫助當事人了解自己的處境，分析人生的方向。前者，是過去「趨告避凶」的元素；後者是「指點迷津」的成份。筆者會將斗數論命納入「命理諮商」，一個以命理信息助人的過程。這一章會從諮商的角度，整理論命的目的和論命的歷程。筆者會將餘下的篇幅，從創富和工作談談信息的綜合整理；說明自由意志的角色，介紹現代人常用的理論架構，結合環境的變化，走上人生的發展。

第二節　論命目的

使用斗數的焦點在以命理信息改善人生。從這個方向出發，論命的目的大致上可以分為善後性的，輔助性的和策略性的。

（一）善後性

人生會出現很多事故。很多人會在事故出現之後論命。這個時間論命並不牽涉人生的決定和選擇，只是人事在心理上的影響還未完結，就好像有些人離了婚，但仍然想復合；也有人經歷了一連串不如意的事情，只想知道「壞運」是不是已經過去。當然，知道「壞運」已經過去，人生新的一頁會到來對心理有一定的幫助。——這也是「改運」應運而生的地方。對問題嚴重的人來說，命理諮商只能夠用來說說人生的起伏，不是解決心理困擾的良方。這一類使用者需要的是心理諮商，不是命理諮商。

（二）輔助性

很多人面對人生轉變的時候論命。他們在人生的決定上有兩種情況：一是已經作了決定。這一種現象在轉業期間經常可以看到：很多人發了很多求職信，甚至已經收到錄取通知才跑去論命。他們的目的只在解決心中的懸念和焦慮，又或者只是想看看會不會有較佳的選擇。

二是未作出決定，而命理信息會影響決定。很多商家遇上難關，未知道生意的前景，期望從命理諮商得到啟示的情況便屬於這一種情況。論命讓人開放，打開溝通之門，客觀地評估要作出的決定。命理的信息當然最適用於這一種形勢分析。不過，要注意的是形勢分析不等如解決問題：有些人希望從諮商想出能夠讓生意逆轉的方法，但論命的人大都不是解決問題的專家，是否能夠幫上忙當然是疑問。解決問題需要由具備專業知識的人負責。

（三）策略性

很多人在人事尚未發生的時候論命。「尚未發生」在時間上還有長短。短的如今年是否適宜開業的問題。筆者的經驗是很多當事人已經作出開業的準備才論命。雖然這樣，命理的信息在未開業前仍然有助於作出心理準備和反思。

怎樣開發個人條件迎合將來是人生發展的策略性目標。時間充份的話，當事人可以回顧個人的條件和環境的機遇，結合命理的信息，進行策略性的探討，再作開業的出決定。斗數的生涯規劃便是典型的策略性計劃。當然，命理的信息在這一類計劃只能夠有條件性地使用。詳細的下面再談。

第三節　論命過程

論命有嚴肅的，也有隨隨便便說上兩三句。認真的論命基本是一個按目的出發，進行資料收集，綜合分析的工作；過程大致上是從討論開始，到出現焦點，進而搜集相關信息，分析和總結人事三個階段的一個過程模型。

（一）論命焦點

一般諮商會從當事人的當前問題開始。論命不同的地方在經常從命盤的信息開始。「你看到甚麼便說甚麼吧！」「你看我這生人會怎麼樣？」是常見的問題。問題的焦點模糊。信息從論命的焦點開始搜集。這一類問題的答案只能夠回到整體分類的信息層次；內容不涉及人的個別差異和在不同時間的人生變化。可以討論的範圍停留在如命盤的星曜組合強在甚麼地方，弱在甚麼地方，人生較適宜往那一個方向發展，有沒有機會發達（有沒有財運），結婚生孩子（姻緣如何）等。這一類信息只是人生的舞台上的佈景板，可信性和實用價值有限。

怎樣找到焦點是諮商的技術。焦點從較具體的問題開始。問題如有清楚的時間與人事範圍，情況便與上面不同：「今年是不是創業的好時機？」「今年的投資會有回報嗎？」清晰的問題和期望讓論命走入了個人的層次。上一章的人生變化信息也特別適用。

（二）資料搜集

命盤只是其一個追尋人生現象源起的信息來源。譬如說，「今年的投資會有回報嗎？」論命的人都會看看大限流年的投資運程，甚至天盤的星曜組合看投資傾向。以這些信息進行推測可能出錯，因為每個人的「投資」概念都不一樣。有人以為買了新房子便是投資！買新房子可能是投資，也可能用來自住。論命的人的投資概念不等如當事人的概念。搜集資料需要據分析的概念進行：投資的歸投資，自住的歸田宅。搜集資料的時候需要理解問題才進行。

搜集資料與分析不是截然分割，是同時進行的。命盤只能夠提供運氣（投資運程）的信息。運氣的信息是強弱，不是輸贏。強弱是相對於其他人的。輸贏只在個人。在如二零零八年金融風暴暴的大跌市中，強的意思可能只是「比弱的人輸得較少！」投資在運氣以外還需要知識和技術才會得到回報。諮商在命盤以外還需要知道當事人的投資知識，投資的工具和希望甚麼時候得到回報等才能夠作出較有意義的討論。

（三）分析與總結

論命搜集到的信息是多層次的。分析的重點在理順搜集到的信息的邏輯關係。這部份變化太多，筆者只能夠在整體的層面，略作申述。

簡單的信息。上面創業的問題中，大限和流年事業宮的信息是最基本的。如果推算遇上化祿是好的開始，化忌相反。這是簡單的模式比對。（筆者按：其他星曜是變化的強弱，形態等。）

複雜的信息。複雜一點是大限和流年出現相反的信息：流年出現化祿，大限出現化忌。流年化祿是當年順利，大限化忌是十年內的波折；在沒有其他生意或工作上的情況下，意思是開始順利，走下去困難。

另一種情況是化祿與化忌走在不同的宮位。「癸干」的祿忌是模式比對中的經典教材。在剎破狼的結構中，「癸干」破軍在事業宮化祿，貪狼必定在財帛宮同時化忌。有些作者常舉在「癸干」創業為例，認為建立的生意會因為資金匱乏而結束。

命盤以外的信息。破軍化祿與貪狼化忌是兩項獨立的信息，是否相關需要看生意運作的資金來源和個人的資金是否相關。很多過去的生意是獨資或家族合夥式經營。個人的資金是生意運作的資金。資金來源匱乏當然直接影響生意運作。現在的生意多了如創投基金，發行股份等各種不同的集資渠道。很多服務性行業如資訊科技，發展主要依靠人力資源而不是資金。創業受資金限制，個人收入有限，也非常辛苦，但到後來可以非常成功。所以，進行分析需要了解具體情況，還要看看後運。斗數的啟示只是生意運作需要預計的問題，能夠解決現金流的問題才好開拓。

個人層次的整合。破軍和貪狼的祿忌是整體的信息。個人層次的分析需要個人資料。個人資料會因人而異。這也是相同命盤出現個別差異的地方！個人層次的信息整合屬個案研究，不是本書的範圍。怎樣將整體的信息在個人層面結合就留得待讀者研究。讀者可以參考坊間書籍中的案例，不過，分析的時候需要注意：過去的案例大都是事後分析，問題已經出現。很多作者在分析的時候已經將如破軍化祿和貪狼化忌的信息掛上因果關係；不少更以命格、個人特質（如領導能力）等，說明現象為甚麼會出現。他們企圖從命盤找尋理由。這一種分析方法未有走入生意的形勢。破軍化祿與貪狼化忌只是生意的表面現象。現象背後有如市場、生意操作效率、競爭條件等生意的潛在問題。資金匱乏只是其中一個可能出現的情況。實際上，生意的資金來源與生意運作是互為影響的，資金短缺可能來自生意的問題。那一個出現在前可能已經沒有辦法追溯。促成現象亦可能是其它因素。只以命盤的信息作出推論容易出現錯誤歸因。一般的案例的目的旨在說明推算方法，不會說明推算方法的合理性。讀者可以試試用上這本書的架構，研究案例的推算方法是否合理。

（四）諮商模型

這本書用的是一般面談或諮商中常用的通用過程模型。有些作者推薦診斷模式①，如中醫以專家身份常用的「望、聞、問、切」的模型進行，診斷模型源於病理學，用來從病徵分析疾病起因，發展及變化。從病徵到疾病起因的思維方式容易令人產生因果假定。使用模式的人士需要注意分析問題的理論依據。過去，有些人在分析的時候會總結說人生現象是由命理因素所致，從命定論的角度解釋現象的源起。這一種分析方法對當事人理解和解決問題的幫助不大。

① 診斷模式。《斗數與人生．紫雲》台北天相出版有限公司，一九九五年三月版，頁249-262。假如論命者喜歡以專家身份出現，筆者認為社會診斷（social diagnosis）的概念較為適合。這個概念也源於病理學，是社會工作及諮商專業以社會科學理論分析人事問題的各種起因，發展及變化，以及整個過程對當事人產生的各種影響的方法。診斷以社會科學理論分析人生現象，並沒有命理因素的因果假定。

「望、聞、問、切」作為收集資料進行分析的階段與這裡所談分別不大；分別在論命的人的身份，分析人事的架構和環境因素的比重。這本書的過程模型中，論命者不是專家，只是提供命理信息，增加當事人對形勢的了解。在上面的例子中，結論和解決問題的方法和行動，如劃清個人與生意資金的界線，製訂現金流的應急方案等，都是當事人的選擇，不是命理因素決定的！

第四節 不再「玄」的分析

斗數從收集資料，分析到總結的過程常常被當作「推算」。推算有計算推論，從原因得出結果的命定意味。推算在這本書只是現象的綜合分析。要讓斗數離開「命理因素」的糾纏，作出對解決人生問題較具指引性討論，綜合分析需要從人生現象為中心，區分預測和解釋，區分個人與整體的層次，和區分推算與推理。這一部份在不同章節已經提及，下面只是簡要說明。

（一）區分預測和解釋

人生現象分析需要分開預測和解釋的成份。了解斗數時間結構的人會明白，以時間將人分類衍生的預測方法的重點在人生轉變，描述的只是可能出現的轉變現象。推算只是以過去的經驗作出的預測，不是人事的因果的預測。

怎樣解釋人生現象是另外一個範圍。過去的研究人士企圖以命盤的結構和星曜的象徵意義解釋人生現象。這一類解釋容易令人走上「命定」的分析方向外，也不足以助人了解現代人生問題。斗數的宮位由人事活動劃分。古時的概念不等如現代人的概念；流傳下來的記錄不一定有幫助。研究人生現象的方法隨著時代改變。解釋理論當然不局限於「斗數」的命盤。今日的研究需要為人生現象尋找最佳的解釋，也從解釋的理論，尋找解決人生困擾的指引。

（二）區分個人與整體

斗數的信息是整體變化的描述。個人層次的變化需要個別資料才能夠走入人與環境的互動分析；同時，分析人生現象的時候需要考慮個人選擇在變化中的角色，因為個人意願在人生轉變中經常影響人事的變化方向和發展的形態，產生各種不同的結果。譬如說，遷移宮出現惡格遇上化忌主「出外凶險」①；凶險多是意外。實際上，按命盤猜中的機會並不高，會遇上甚麼凶險更不是命盤內的事物。不過，「出外凶險」的信息對即將啟程，尤其是出外進行高危活動的人士不無啟示作用。同樣命盤的人會有不同的決定。

① 惡格遇上化忌。《全集》中「鈴昌陀武，限至投河」，「廉貞七殺，路上埋屍」等是遷移宮的典型惡格。一般遇上化忌，尤其是疊忌才容易出現出外遇上凶險的情況。

(三)區分推理與推算

斗數以星曜記事。星曜被賦予的人事意義是多層次的；在顯示週期變化外，也以「象徵意義」承載與變化相關的信息如人的特質（如性格），事的特質，人事的脈絡，人生的狀態，甚至解釋人生變化的概念（如五行）。推算是模式的「象徵意義」的演繹，目的在猜測甚麼人生現象會出現；需要的時候會結合個人的常識、直覺、甚至預感等進行推測。這也是很多人用來顯示「功力」的地方。

對這本書來說，「推算」的目的在將人生變化的信息結合個人身處的環境進行分析。星曜顯示週期變化的作用是最基本的，人與環境的信息可以由當事人提供。「推算」在這本書是集合事實的綜合分析的推理。推理實際上也在「猜」，不過，「猜」以事實為基礎；分析連結解釋現代的人生現象理論。推理的討論和分析是一個認識人生現象的過程。推理與個人的直覺、預感等不同的在它的「猜」有一定的方法和步驟，也可以透過訓練加強。

第五節　創富

財富是斗數論命的重要部份。現代人談「創富」。創富是現代人追求財富的歷程。《全集》中有「定富局」。「定富局」主要以命宮的星曜組合說明「富」的格局；當中的論述給人的印象是個人財富由出生時間決定。現代的斗數書籍也有很多「富」的例子，但一般都不見有說明「富」是甚麼意思；更未見有人談為甚麼同時出生的人會有富有的，也有沒有甚麼個人資產的。現代人都知道財富不會從天上掉下來。「富」是創造出來的。

（一）要創的富

「創富」是現代人的語言。「創」是個人意願，命盤相同的人不等如「創」意相同；即使同樣有追求財富的意願，目標也不相同；每個人對「富」的定義都不一樣。現代人談的「富」沒有量度的指標，不過，能夠達到財務自由①是概念上的共識。

---

①財務自由。財務自由的概念，讀者可以參考 Robert Kiyosaki and Sharon Lechter 的《窮爸爸．富爸爸》出版社：高寶國際有限公司，二零零一年出版，ISBN:9789574672028。這本書有繁體和簡體中文版，較通俗易讀，對財務自由，現金流分析等概念有較完整的論述。

（按：當然，讀者也可以有自己的定義。）財務自由的意思是能夠以資產生財，不愁工作，有足夠的消費能力等。過去經濟增長的年代，很多人簡單地將積蓄買房子，收取租金也能夠無憂地渡過晚年。現在環境比過去複雜。對年青人來說，能夠儲蓄到買房子的首期已經不容易。買房子收租也要考慮回報率，息率的走向、升值潛力，補地價等——不要小看這個數字①！買了房子也會擔心樓價下跌。現代人創富需要知識、技術、經驗和理財的能力。

（二）理財與現金流

創富的人要懂得現金流；看財來自何方，去往那方。狹義的現金流指財務會計上現金進出的流水賬。這裡是廣義地指個人的現金進出。「理財」是整理流向的工作；財富也在來去的剩餘中積存。要達到財務自由需要累積資金，進行投資，以投資回報過活。一般人需要有「第一桶金」才可以開始投資生財。對出身富裕家庭或有祖業的人來說當然不同。這只是極少數，也已經不在「創」的範圍。大多數現代人的收人都從上班開始，然後進而走上高層，或自僱，或開創自

① 補地價。在香港和中國的房產交易中，土地使用權到期需要補交基準地價。這方面暫時未有統一指標。近期深圳的例子是政府確定的土地平均價格的 35%。http://news.xinhuanet.com/fortune/2016-04/18/c_128905637.htm

己的生意。資金從收入漸次累積。儲存的收入還需要投放，產生經濟利益的才算是投資。（按：在負利率的年代，存款並不等如投資，因為不一定有利息，即使有利息也不一定能夠追上通貨膨漲。）投放金額當然要視乎投資工具：生意和房產會需要較大的資金；股市的入場費可能只需要三數千元。

現金流分析可以看到出現收入的宮位很多。一般打工的看事業宮，做買賣的要看財帛宮，做中間人要看遷移宮，投資要看福德宮等。財務自由以資產生財，累積的資產都會用作投資，福德宮是理財的終端宮位。

（三）財帛宮與福德宮

收入豐厚不等如能夠積存財富。觀察積存財富的宮位在財帛宮和福德宮。兩者有緊密關係，但性質不同。

財帛宮。財帛宮好像一間公司的現金帳戶，帳戶中的數字是公司的流動資產。流動資產的多寡反映財物能否積存和理財的能力。財帛宮與投資宮位不同；它的活動未有令資產增值的成份。

福德宮。過去的書談福德宮的不多。所以筆者在這裡詳細一點說明：很多書籍以它觀察人的精神狀態和財利慾望，只有少數認為它包括投資活動。前者的看法相信是來自宮位名稱的直接演繹，令人感到有點望文生義。後者中，有人簡單地以福德宮是財帛宮的「遷移宮」，所以是以財求財的宮位。這一種方法強套十二宮位的序列作為解說，不容易令人明白。

筆者認為投資是福德宮的活動範圍。研究這個問題需要回到宮位的作用：十二宮是人生活動範圍。福德宮在古書（《全集》）中有兩個重點：一是壽元，如天府可以活到八十四歲。按：歲數之說並不可信。二是福澤，如天府是福祿有餘；祿存是衣食足；擎羊是相對豐衣足食的勞心勞力。所以，福德宮的整體信息描述的是年歲相對無需勞動而衣食無憂的概念；內涵不只是精神的，也包括物質和活動的。從這個角度出發，福德宮的內容與隨著年齡增長走上財務自主的概念是一致的。投資是達到財務自主目的的相應活動。

今日的「投資」與過去的不同，已經是日常生活的部份。不過，投資在紛亂的人事中語意包含甚廣。很多人將買房子，做生意，買股票等各種不同的活動都納入「投資」的範圍。這些活動實際上需要細分：

投資以資產增值為目的，也有相對的風險。房子是資產。買房子收租是以資產生財是投資。房子價格有下跌風險；下跌的時候可能會變成負資產。買房子自住的重點不在生財，所以不應該在投資之列，在命盤是田宅宮的範圍。當然，有人會說自住和投資的目的兩者兼有。這要看那個才是首要目的，或者需要分開來觀察。

將錢投到生意算不算投資呢？如果資金用作營運資金，如僱員工，採購等；投入的目的不在資產增值，不算投資。如果當事人只出錢而不參與運作，期望投入的資金（資產）透過生意運作的結果增值，也承擔生意失敗的風險，那屬於投資。

買股票又如何呢？一般人購買股票會研究公司的市盈率，生意優勢和計劃，預期發展。股票會漲價，也會因生意失敗而跌價。這一種資金投放是投資。不過，很多人在股票市場投入資金並不是以商務分析為基礎，只從技術分析，研究資訊作出投放的決定。這一種買賣只從估計差價套利，已經離開了研究資產升值的投資範圍。

很多作者論「富」的時候將焦點放在財帛宮和福德宮，以宮位的星曜組合作為「富」的條件和投資傾向，再加上財福二宮的限運得失說明為甚麼有人會發達，有人只可以做過路財神。他們的討論多以命定論為基礎，而背後離不開以財利慾望的個人特質解釋「富」的現象。

福德宮的推算的方法與其他宮位的差異不大，只是有兩點需要留意的：一是前面說過，運勢強弱不等如輸贏；二是投資需要有項目的時限；「止蝕」和「止賺」需要知識作出判斷。這一部份讀者可以繼續研究。

財帛宮和田宅宮跟投資計劃關係相當密切。財帛宮顯示資金是否豐盈，銀根短缺影響投資計劃。不少人會將房產按揭，提取資金注入生意或其他投資。「田和宅」為投資項目提供資金來源（亦有人將它當作庫藏），但它們與投資項目的表現並沒有直接關聯。

（四）創富與信息

創富需要行動計劃。實現計劃需要條件與機會。十二宮的規劃將人事分割後，研究的人將焦點放在財福二宮容易令人忽略創富的全面發展。從現金流分析可以看到財帛宮和福德宮只是其中兩個重要宮位。研究創富當然不可以拘泥於此：今日不難看到年薪以千百萬計的打工人士，又或創業的原始股份在公司上市的時候暴升萬倍的人士。他們的財富來源並不在財帛宮和福德宮的範圍。

運勢消長的信息反映人生變化中的機會。斗數命盤的結構上，同一項人事宮位連續走上三個強限的機會極微。走上三個弱限的情況亦然。大部份人都是強弱不定的，如這十年事業宮走靜運，下一個十年財帛宮走背運，再下一個十年遷移宮走強運。流年的情況亦然。宮位運勢消長的信息反映進財的機會。創富需要把握機會。機會是給有準備的人。累積財富需要學習理財的知識和能力。機會反面是威脅。斗數的信息也可以用來預計風險，避免作出不當的決定。當然，要不要使用運勢消長信息是人的決定。

第六節　工作

對個人而言，工作是以勞動換取報酬。這一類活動在古書中被歸納入官祿宮的範圍。有關官祿的賦文散見在《全集》中，如「紫微在午無煞湊，位至公卿」（《骨髓賦》），「太陽入廟遇左右昌曲月，一品之貴，陷地不久」（《論命身十二宮吉凶星訣便覽》）。官祿宮的活動在名譽和地位與「貴」的概念經常連結。這些都是封建時代個人在宮廷工作的整體描述，只談結果而未有涉及工作的內涵及人生的變化。

（一）今日的事業宮

事業宮以工作為焦點，研究人的類型與職業的關係和變化；有時也談個人的成就。今日的研究與過去不同的地方在：一是工作因應時代的文化技術的要求出現各種不同種類的職業。古人並沒有現在的工作分類。很多個人傾向與現代職業的對比分析是近代研究人士發展出來的。這一點下面再談。

二是今日的工作是勞動市場的交易，交易雙方是僱主與僱員的合約關係。這一種關係與朝中當官相同的是兩者都是個人與組織的關係，而過去的封建官僚架構的科層治事元素仍然存在於現代的組織架構中。事業宮也常常用來觀察個人與工作機構的關係。現在的工作與過去不同的是多了很多選擇；僱主可以選擇；工作上的成就也可以選擇。選擇需要面對機會和相對的風險。事業宮的變化信息在趨吉避凶之外也出現前瞻性的作用。

（二）工作與人生

研究事業宮最好能夠對工作與人生的關係有整體的了解。這一部份在諮商中被納入生涯規劃①。（按：又叫作職業生涯規劃。）規劃的重點在評估個人的興趣，能力，愛好等條件，結合時代特點作綜合分析，根據個人的傾向確定職業奮鬥的目標，作出實現目標的安排。生涯規劃也在引導個人分析自己的優勢與劣勢，進行合理的職業定位；增加競爭能力，探索潛在機會，實現計劃。這種規劃假定個人發展的潛質的可塑性。生涯規劃是一個讓人增加對自己的認識，端視發展方向和掌握環境機會的途徑。斗數信息在生涯規劃中不同時間出現不同的作用。

①生涯規劃指英語的 career planning。

（三）職業的準備

職業的準備是生涯規劃的第一步。工作有學歷及技術的要求。這一部份古書資料的可參考性不高，因為那一年代並未有今日的工作。當然，有些人將工作簡單以「文武」二分。「文職」需要文化技術。經常與個人特質連結的星曜，如機月同梁的文化氣息，昌曲左右的聰明才智便列入文職的條件。「武職」需要身體力行。剎破狼的手藝，火羊的勇武等便歸人武職的條件。仔細一點的人士會以命宮主星說明個人特質和適合個性的工作。譬如說，廉貞貪狼坐命宮的人比較有藝術氣質而適合需要鑑賞和審美能力的工作。更詳細一點的會從培訓說到工作場合。譬如說，命宮三方四正坐上機月同梁不見煞的組合較適合修讀文史哲的科目和穩定性行業，紫府廉武相左右加煞適合學習政治經濟等，走入大型機構工作。

筆者必須一提：很多坊間的書都有這一類資料。斗數這一類個人傾向的信息並沒有研究基礎，頗為粗略簡化，甚至偏差甚大，不可以當作一種既定的理論。個人傾向的信息在正式的生涯規劃輔導中有客觀的評估方法。評估範圍是綜合性的，包括個人的興趣，能力，愛好等各種條件。評估的結果也直接與現代工作的要求連結，對職業選擇較具指引性。當然，在仍然未有生涯規劃輔導服務的地方，斗數的信息便可以用來幫助個人反思自己的選擇。

（四）轉變與發展

了解個人傾向有助於開始工作時的職業定位；往後的發展還需要人的計劃。生涯規劃中，個人條件和能力能夠盡量提高，又能夠把握機會，人生的局面也會愈大。把握機會需要掌握運勢消長的信息。人走強運的時候當然可以因勢利導，按條件發揮；走靜運需要按部就班，循序漸進；走弱運需要韜光養晦，加強學習，靜待機會。斗數的信息可以在思索人生進退的時候用來參考。

事業宮的推算方法與其他宮位的差異不大，在主要星曜組合反映傾向外，也以化祿化忌顯示運勢強弱，輔星煞星反映個人能力與承擔。這一部份讀者可以參考其他書籍，只是有兩點是一般書籍較少觸及而需要留意的：一是機會是環境容許才會出現。即使機會出現也不等如人會選擇改變。二是事業宮的範圍也包括創業做生意。創業是重要的人生轉變。生涯規劃指出創業在考慮策略，資金來源，業務操作，市場規律等各方面的情況外，切勿忘記個人的條件和能力。

第七節　小結

這一本書的論命是諮商；目的在以命理信息改善人生。論命的諮商是一個搜集資料，綜合分析的過程。論命需要區分預測和解釋的不同功能，了解個人與整體的不同層次信息和掌握推理的原則，才能夠將斗數結合現代知識使用。筆者以創富和工作說明斗數的整體層面的信息可以怎樣結合現代知識使用。個案層面的研究並不是本書的範圍。讀者可以參考坊間的書籍。

第十章　總結

這一本書嘗試以現代學理重組斗數的內容，讓它成為一種現代知識。斗數的基本道理在將人分類和以從前的人的人生記錄，推測現在的人的人生變化。認識今日的斗數需要從時間（農曆）開始。

命理學家以出生時間的星空將人分類。他們以農曆為架構，然後借用古天文學核對時間的星圖創製了與時間相對的人生軌道。星圖轉化為記錄人生的命盤。軌道上的星曜也用來記敘人事。農曆以六十甲子年為循環週期，六十甲子年包括天干的十和地支的十二在年、月、日和時辰的週期。命理學家從記錄發現人生會隨天干和地支的週期出現變化。他們從週期性出現的現象總結出天盤、大限和流年的變化信息。斗數從週期變化信息出現了預測的功能，不過，預測的功能在時間上受到閏月的影響出現不確定的成份，而人事上也受到時代的語言文化的限制，未能走入精確的範圍。儘管如此，命盤一直未有改變，沿用至今，斗數也從命盤衍生了各種不同的推算方法。

斗數研究隨著時代改變。早期的命理學家企圖解釋變化規律的緣起。那一個時代的人認為時間統攝人生變化。始創期的斗數也引入了五行論，以大自然的規律解釋人生變化規律和現象。隨著時間發展，命理學家發現古典理論有助於說明人生在時間上的變化規律，但不足以解釋人生現象上的個別化差異。他們漸漸以命盤上的設置和人事架構解釋人生現象。從這個方向發展，斗數預測和解釋人生現象的功能漸次分了家，研究也分開了兩個陣營：一是從時間決定論出發，主張人生是注定的，不同大小的人生現象都可以推算出來。研究人士也從注定的信念，總結出各種不同的變化規律，也以人出生時候的條件解釋人生變化。另一個陣營認為人生有注定的成份，也有人可以自主的範圍。前者在斗數的週期變化體現。這一種時間上的變化可以用上過去從記錄總結的信息進行預測。後者從人與環境互動產生的現象反映出來，而這一種現象可以用現在的社會科學解釋。

命運是斗數的研究對象。古典斗數將人生變化納入命運的研究。時間決定命運已經是人生變化的解釋。近代的研究信念在命定論上多了人生自主的成份。命運也出現了先天和後天的界限。人生變化已經可以用個人先天賦予的特質與後天的學習，和與環境的互動去分析和理解；唯獨是人生的變化規律還未有充份的解釋，仍然被視為注定的成份。這一種成份在運氣呈顯出來。運氣並不是獨立於人生經歷的事物。它是人生變化中的情緒和心態。人生自主的成份體現於個人的決定與選擇，是理性的表現。在人生的軌道上，將來是未知的。今日斗數的研究重點在怎樣在人生變化的歷程中，善用運氣的信息，結合個人與環境的條件，作出具素質抉擇。

古典的斗數研究在基本架構上，以模式比對人生現象的方法進行歸納。這一種開發性研究在架構的限制外，也未有現代化的研究技術支持。研究結果的可信性有限，也不可以隨便廣義化。整體而言，從現在的研究技術來看，斗數比較適用於人生變化也出現規律的人士，而在人事範圍上，命宮的三方四正，即事業宮，財帛宮，遷移宮等的資料較為可信。過去的研究重點在模式的可信性，而未有批判性地觀察時間與人生現象的必然關係的假定。兩者的關係停留在信念上的因果。今日的研究並沒有改變兩者之間的假定，只是略加條件關係上的詮釋。時間與人生現象之間到目前仍然未有證據可以說明兩者存在直接的因果關係。斗數推算離不開模式確認。模式包含多重意義。研究需要將它解拆才可以進行現代化的分析。對筆者而言，以週期現象產生的信息預測人生的變化的命中率很高，與一般隨意的猜測確有不同，只是這一部份還未有較科學化的研究。這就留待其他斗數愛好者共同研究。

斗數在這一本書只是一個以農曆為架構，提供人生變化信息的系統。演繹系統信息的方法是主觀的。古典的研究相信人生順應自然規律出現變化，只要充份掌握時間軌道上的星曜賦性便可以推算出不同時間的人生現象。這一種推算方法以信念為基礎，揉合了個人的知識，經驗，甚至直覺和預感等。信念上的因果有別於現代研究中的因果。後者是一種可以驗證的條件關係。現在的研究不排除自然規律也影響人生。它們之間可能存在另類的因果層次。整體而言：人生現象出現是多因的。模式承載的信息與人與環境的互動是同步的，信息反映的事物可能以因果或其他形式相連。解讀命盤的人士需要搜集各方面的信息；推算的時候需要懂得推理才可以理順事物的關係。現代的研究大多數使用這一種方法分析人生現象；背後是以社會科學理論為知識基礎。分析人生現象的架構直接影響解決人生疑難的構思和方向。這也是現代研究與古典研究最大的分別。

假如斗數有足夠的數據基礎，現象出現的機會是可以計算出來的。在時間決定論的基礎上，模式與人生現象相對出現，只要計算模式出現的機率便可以知道人生現象出現的機會。這本書中，模式與人生現象並未有相對的必然關係，但人生現象出現的機會仍然可以透過數理估計。實際的人生觀察中，模式與人生現象並不是個別相對，而是多個模式都在反映類似的現象，令研究複雜化。無論怎樣，過去的研究都顯示，在論命的時候以模式猜測相對的人生現象是否會出現的命中率比一般隨意的猜測為高。

學習和使用斗數的重點當然不在個別模式出現的可能性，而在了解信息對人生的意義。斗數的信息是多樣化的：有整體人生傾向的，有個人條件的，個人與其他人的關係的和反映人事變化的。那些信息才是有效的，可信的，適合時代的，有助於預測和解釋的都需要小心評估才使用。命理諮商中，怎樣選用命盤的信息，整合各方資訊進行處境分析，作出理性而具素質的決定，解決人生面對的窘境，是使用斗數的藝術。

附錄（一）會輸掉甚麼？

筆者很多老朋友都是名牌大學畢業，高收入的知識份子。他們與筆者經常在網上連系，知道筆者愛好斗數，有甚麼動向也會諮商一下。這位朋友在戊子年（二零零八）找我。他也研究斗數。

「孩子會到美國一所非常出名的學府。」他的孩子是尖子學生。讀書能力不容置疑。「他為甚麼想到這個時候去美國呢？」「孩子成長過程中的人生轉變也是父母需要面對的。現在的父母有較優越的經濟條件為孩子們的將來做準備，人生也多了選擇。

「因為對香港的大學沒有信心；同時，學習興趣未定。他現在讀理科。美國的理科第一年可以自由選修，第二年才選取主修。留學對學習外國語言文化，自我照顧，開拓國際視野等有很大的幫助。」知識份子的爸爸媽媽做決定總有一大堆理由。

「好處你已經想過了。出國讀書在付學費外，有沒有想過會有甚麼其他問題？」很多人只會從好處想，給自己的決定找理由，而不是理性地估計形勢。

「離鄉背井，問題當然多；找你就是想看看應該不應該出去。斗數怎麼說？」斗數不是用來回答應然問題的。這個問題當然也不是我能夠回答的。

「斗數你也懂，段數也比我這個門外漢高。」我和他很久以前已經略為看過孩子的命盤，但沒有深入研究。現代人的出生時間準確，但命盤是不是他孩子的仍然沒有保證，尤其是大多數年輕朋友還在求學，都沒有可以用來確認命盤的人生經歷。這是斗數結構和理論的限制。使用命盤的人對它的變化軌跡必須有保留。我跟他的討論當然已經有了這種共識。

「就是看不透才問你。他的命盤是文昌在卯獨坐命宮，紫微貪狼在酉宮，十六至廿五歲走戊辰大限。現在讀書要看大限事業宮。戊辰大限事業宮在申宮，天機化忌，但他的成績一直以來都很好。今年戊子年（二零零八），天機在大限事業宮雙化忌。那意味甚麼呢？這個問題是不是因為出外才出現的呢？」天機在大限事業宮化忌是斗數以星曜記錄時間和人事的形式；忌是特定年份的轉變，在語意上指事業波折不順。

「讀書憑實力，不全靠運氣。過去幾年他除了你老兄給他的天賦之外也應該非常用功。天機在大限事業宮雙化忌的意思是此去會遇上較大的挫折。」挫折是筆者對轉變的主觀演繹。「你想知道問題是不是因為出外才會出現，是不是怕因為你的主意讓他碰釘子，心裡不好過？出國是你的主意還是他的？」

「他見到很多好同學都準備出國後來問我的看法。我當然贊成和鼓勵。」他當然是擔心他推波助瀾的後果才來問我。

「是他提出來的，那你幫他準備好了沒有？」

「已經考了要出國的試。他人際關係不錯，又曾經到美國的名校作暑期學習多回。適應美國的教學方法和生活應該沒有問題。」

「以你們的能力，這些當然不是問題。我的意思是幫他對可能出現的挫折多作一點心理準備，面對挑戰。這一關不好過；擔心的是自信心可能受到影響。」假如孩子沒有參與出國的決定，問題會更多。這是為甚麼要問出外是誰的主意。

「你的意思最好是跟他談談，讓他有心理準備。那究竟出去好還是不出去好？可以避嗎？」這是父母保護孩子的心態。孩子長大了，爸爸還沒有！

「甚麼時候有逆境的心理準備都是好事。不讀書便可以避了讀書的問題。可以不讀書嗎？在外地出現的當然與出外有關，不出外當然可以避了出外的問題。這是廢話。他不像其他孩子般要替他擔心沒有大學收錄。年輕時候的挫折可以讓孩子更加成熟，可能是將來成功的基石。這個年紀談「避」不是有點消極嗎？命盤的軌跡只是說讀書可能會有轉折。這種情況可以在外地發生，也可以在本地。沒有人知道出國的經驗對他的將來有多大的幫助。它的價值由你們判斷。

其實你很清楚出外與不出外的分別，只是擔心將來不知道是怎樣。你也知道斗數只能夠提供信息，不會替人作出選擇，決定還是要人來做。」這是面對孩子將來的工作市場作出準備的取捨。

「坦白說，我也看得到大限事業宮天機雙化忌和命盤還有昌貪等的命格和很多其他問題。找你是要看看你的說法。」他的斗數推算能力不比我低，只是面臨取捨，牽涉自己的價值取向，想人幫他整理一下。

「你也知道用斗數的信息可信性有限，只可參考。從命盤看，攻讀理工醫科等不怎麼見到忌煞會較為吃力。一流學府的學生都經過挑選，競爭對手與中學不同。他現在理科成績優異，但不等如在大學水平可以發揮。看來可能有些不大喜歡的科目的成績不如理想，影響他一直以來驕人的記錄。」這種說法是猜，不過，猜不中又如何。

「那在逆境的心理準備外，我可以做點甚麼呢？」做點甚麼會因為使用的人的背景而有不同想法。

「讀書是他的事，你幫不上忙。你可以提一提選科的問題。學院必修科是即使討厭也要修讀的。與孩子談的時候還需要一點技巧。假如興趣未定，那就讓他去摸索，反正你有的是條件。在美國轉讀其他學院或學系，甚至大學並不太困難。同時，這個年代很多人已經將大學當作通才教育。職業的準備便留待研究院，MBA等。一般人會在入讀課程後才討論這些問題。提早討論是懂得斗數在時間上的優勢。他的命宮無主星，又有昌貪的格局，看來將來他又易有學非所用的情況，將來工作是不是用得著大學修讀的學科是一個疑問。命盤的酉宮在昌貪之外，還有鈴昌陀武的組合。不過這待命盤軌跡可以確認（準了）的時候再幫他準備吧。選讀甚麼還是留待他去想吧！」當然，這種說法建築在孩子可以從轉變中學習，找到自我發展方向的願望上。這也是出國主意是誰的問題的重要性。

「這部份在找學校的時候已經談過，也是讀自由選修理科（liberal science）的原意，只是未有仔細談到假如興趣和想法改變會轉到那一個範圍。這時候談範圍可能言之尚早，不過可以讓他知道還可以有很多選擇。在此以外還有甚麼可以做呢？」

這從孩子的問題回到他自己的問題，面對轉變的不只是他孩子一個人，他自己是另一個。現在研究斗數的知識份子當然不會將發生不如意的事的責任推諉到命運，而會想到自己的角色。

「斗數的信息也是給你的。你難道對他沒有期望嗎？他不怕你失望嗎？你的期望是他的壓力。你可以想一想你在他要面對的壓力上可以做點思想準備。相信他需要的是支持和理解，不是壓力。作為家長能夠做到這一點並不容易。」斗數比較特別的地方是可以在事前多做一點功夫。

「當然你還可以上柱香，買個甚麼水晶的……。」他知道這一類令人心安的「創舉」並不是斗數的部份，我只是開他玩笑。

「假如斗數不準呢？」他跟我都沒有斗數一定準的假定。

「那又怎樣？如果不準，你也替他作了面對將來的準備。準了，孩子會覺得老爸有先見之明，也了解他。不準你會輸掉甚麼？」當然，不準的時候他要賠上斗數老爸的驕傲。這一點相信他來問我的時候已經放下了。不論斗數預測的現象出現與否，這個過程讓他跟孩子一起面對人生的挑戰。

<table>
<tr><td>武破鈴陀
曲軍星羅
巳</td><td>太地
陽劫
午</td><td>天擎
府羊
未</td><td>天太天
機陰鉞
忌忌
申</td></tr>
<tr><td>天 地
同 空
16-25
戊
辰</td><td colspan="2" rowspan="2">己巳年生人
火六局
戊辰大限祿忌
祿忌戊子年祿忌</td><td>紫貪
微狼
祿
酉</td></tr>
<tr><td>文
昌
6-15
命宮
丁
卯</td><td>巨火
門星
戌</td></tr>
<tr><td>右
弼
寅</td><td>廉七
貞殺
丑</td><td>天左天
梁輔魁
子</td><td>天文
相曲
亥</td></tr>
</table>

這個例子不是商業性的命理諮商，只是朋友之間的傾談，是研習斗數的朋友經常面對的。例子中也因為對方有思考能力和對斗數有一定的認識，筆者能夠比較容易直接溝通。這一位朋友和他的孩子在與筆者討論之前已經差不多作了決定，諮商也只是想看看會不會有其他意見。事實上，很多人出國前即使沒有斗數都會談到這些問題。斗數只是另類的諮商媒介。它的優勢在能夠讓人及早注意可能忽略的地方或對未必能夠預計得到的事項作好思想準備，在人生的選擇中作出一個後悔較少的決定。例子中的孩子後來真的遇上挫折。他的命盤對將來會有更多的啟示。（如會不會學非所用）這是斗數作為人生修養比較特別的地方。

例子中亦可以看到現在使用斗數的人的知識，態度和推演技術怎樣影響到信息的演繹和構思的行動。人生現象有時代的特性，使用人士需要現代知識才可以充份理解和分析今日的人生；在趨吉避凶外，也需要面對人生決定和責任承擔。例子使用的只是斗數的基本技術，推演的重點在怎樣將斗數的信息放入個人的形勢進行分析。這本書並沒有假定信息描述的現象必然會出現，所以在處理上只是讓人了解不同選擇的情境分析。

命理諮商的案例中，論命的人都多以專家身份出現，以「診斷模式」進行。不過，了解諮商的朋友會知道幫助別人，尤其是朋友，不一定要如此，也可以使用其他模式。上面是一種「以對象為中心」的傾談過程，重點不在斗數的預測是不是真的會出現，而在歷程中幫助對方整理思路和價值取向。這一種取向特別適合筆者般的門外漢。

附錄（二） 不同的推算方法

這個例子是從另一本書①抽取出來。原作者用來說明解讀命盤可以有很多「猜」的方法。筆者借用來說明斗數命盤結構在推算方法上的角色和背後的假定，嘗試從另一個角度分析這個案例，談談不同人士怎樣從斗數的基本的結構，建立推算方法。案例是原作者策略性選用，內容可能會有偏頗。所以讀者必須留意和保留客觀。

命盤是台灣民國三十四年（一九四五）乙酉年出生的男士。他有兩名分別在己未（一九七九）和庚申（一九八零）年出生的孩子。案例不是作者的，是另外一位著名的研究人士的。他出題目，叫人猜命盤的當事人：（公曆只作參考）

那一名孩子會出現凶象
凶象會在那一年發生
會是甚麼事情，和

① 了無居士《現代紫微第二集．不算剋子》，龍吟文化事業股份有限公司，一九九三年，頁127-133。

結果會如何。

原作者自己猜想是己未年的孩子有問題，凶禍在癸亥年三月。孩子會因外傷致病，拖延一段時日可能會不治。他未有說明自己的推算方法。

他介紹了四位朋友的方法，同時在注釋中認為上面的四道題目依理不可以推算；理由是如果相信從命盤便可以猜中這四道題目的答案，那出生時間對人生現象會有決定性的影響，但簡單一點以死亡時間分析，這一種關係並不成立，因為同一時間出生，同一時間和同一原因死亡的例子並不多見。四道題目的情況都類同。

作者只是客觀敘述，並沒有加上分析，只說明斗數不是一種好像現代科學般，從出生時間便可以預測人生現象的理論，但未有解說為甚麼使用斗數的人又往往會猜中一些人生現象的理由。

第一位

例子中第一位分析人士分別以未宮和申宮作為己未年（1979）和庚申（1980）出生的孩子的命宮推算。這是以爸爸的命盤推算孩子的命運的其中一種方法。

對命宮在未宮的孩子來說，疾厄宮便在寅宮。他認為太陰化忌在疾厄宮不及申年命宮沒有主星，太陰化忌「借入」命宮主凶，因庚年生人祿存在申宮，孩子出生年份的擎羊在酉，陀羅在未，成羊陀夾忌的凶格。

出問題的年份會在辛酉年，辛干文昌化忌進入申宮。凶象以文昌和太陰（在遷移宮）相對推測，會是車禍。在寅以五行分析，寅宮的天機屬木，陀羅屬金，文昌亦屬金，受化忌引動。木主肝膽和筋。遷移位的問題應在四肢，尤在腳部，因比會是骨折、斷筋，但不至死（筆者按：分析沒有談太陰的五行）。

<table>
<tr><td>天火
相星

辛
巳</td><td>天文咸紅
梁曲池鸞

壬
午</td><td>廉七
貞殺

癸
未</td><td>文天
昌鉞

甲
申</td></tr>
<tr><td>巨左擎
門輔羊

庚
辰</td><td colspan="2" rowspan="2">男命　　火六局
一九四五年正月X日寅時生</td><td>地天
空刑

乙
酉</td></tr>
<tr><td>紫貪祿
微狼存

己
卯</td><td>天右
同弼

丙
戌</td></tr>
<tr><td>太天陀
陰機羅
忌祿

戊
寅</td><td>天地
府劫

己
丑</td><td>太天鈴天
陽魁星喜

戊
子</td><td>武破
曲軍

丁
亥</td></tr>
</table>

第二位

另一位人士同意第一位的時間和那一個孩子出現凶象的論斷，但他認為庚申年的孩子會患上小兒麻痺症，只是出生的時候未發現，到第二年辛酉年文昌化忌走入命宮才顯現出來。

按一些五行的說法，天機屬木，在寅（亦屬木），極旺，太陰屬水，水生木，更吉，但會照屬金的星曜包有文昌，擎羊和陀羅。原則上金剋木而太陰屬水可以轉化，但太陰化忌後拒絕轉化，成金剋木。木是筋，金是皮，筋皮戰剋過度，不能完全發育，而筋皮萎縮，會是小兒麻痺症。出生的時候問題未出現因為庚年的祿存和化祿在申，到辛年文昌化忌就觸發了。

第三位

第三位人士用宮位天干的化忌的互動論斷。（按：宮位天干，也叫宮干，由編排命盤的五行局決定）。他借先天子女宮（酉宮）為老大的命宮，以老大的命宮退一宮（申宮）為老二的命宮。

命盤中命宮宮干是戊，天機化忌，入寅宮。子女宮天干是乙，太陰化忌，又入寅宮。寅宮宮干是戊，天機化忌自坐。子女宮化忌的氣（影響）凝結在寅。

他認為寅宮的情況直沖老二的命宮，故出現凶象的是老二，而老二命宮宮干甲的化忌入子宮，是爸爸本命的命宮，意味問題由老二本人引起的凶象發生後爸爸不好過。

天機化忌在老二的遷移宮，凶象可能是車禍。出事的年份可以用化忌來追蹤：癸亥年貪狼化忌在老二的疾厄宮，疾厄宮己干的文曲化忌入午宮，午宮壬干的武曲化忌回到亥宮。癸亥年會出事，但不嚴重；忌星飛回申宮（命宮）才會致命。

第四位

第四位人士猜己未年的孩子（老大）會在甲子年有問題，凶象最可能會在九月（甲戌月）和在九月中的乙亥日發生。災禍是不大的車禍，而孩子死於腦震盪。

他用命盤的子女宮推算，認為子女宮有祿逢沖破的瑕疵。己未年這位男士還在丙戌大限，大限子女宮在未宮，而丙戌大限廉貞在宮內化忌，意味這一年出生的孩子與爸爸的關係可能出現緣份問題。

庚申年這位男士已經走入乙酉大限，大限子女宮在午宮，乙酉大限天機化忌，但不是直接在子女宮，所以出現問題會是己未年出生的孩子。

甲子年太陽化忌，這個化忌與乙酉大限的太陰化忌夾丑宮；丑宮是乙酉大限子女宮的疾厄宮，也正巧會照先天子女宮，是出事的年份。他看到這個孩子死在外頭，但身體好像並沒有甚麼損傷，故猜他是腦震盪而亡。

第四位人士猜的全中。

這裡的分析不在說明那一種方法比較準確，因為案例是作者選取的，缺乏普遍性，不足為據。如作者說：同一年出生的孩子不一定同一年出意外，即使同一年出意外也不一定受同樣的傷，同樣死亡；依理不可以推算，命中的機會很低。當然，案例只是從猜中的說回頭；猜不中根本不會出現。

筆者只想指出，案例中談孩子出現凶象是人生週期變化的推理，凶象的性質和結果只是從星曜賦性去猜：

（一）問題定位：一般人談到的凶象，多會在命宮，疾厄宮或遷移宮出現。問題在案例所研究的，究竟是爸爸的，還是孩子的。定位不同，用來推算的宮位，甚至星曜也不一樣。第一、二位人士借用了出生年份地支宮位作為孩子的命宮，也用上出生年份的羊陀，而推算以孩子為中心。第三位人士以子女宮和財帛宮為孩子的命宮，情況相同，只是選擇命宮的方法不同。第四位人士將問題定在孩子與爸爸的關係。推算以爸爸命盤的子女宮為中心和運勢為主導。

（二）週期變化。四化是天干週期人生出現突顯變化的記錄。子女宮顯示父子關係，宮位遇上化忌（包括由對宮直接沖照），顯示可能出現關係問題。這位男士已未年還在丙戌大限，大限子女宮在未宮，丙戌大限廉貞在宮內化忌，意味限內得子可能出現凶象。庚申年這位男士已經走入乙酉大限，大限子女宮在午宮，乙酉大限化天機化忌，但不是直接在子女宮。所以不見得庚申年的老二會出現凶象。（這兩個大限得子是已經知道的。這是命盤以外的信息。）

甲子年太陽化忌走入流年命宮，子宮也是大限田宅宮；太陽化忌也直沖在午的大限子女宮。（甲子年的情況是出題目的人已經知道的。）案例的中心是猜測甲子流年與丙戌大限子女宮的變化的關連和引伸的現象。不過，兩者也要在丙戌大限得子才會產生關連。

（三）命盤與第三者。斗數的設計基本上用於命盤的出生時間的人。在前三位的方法中，原來命盤的四化（天盤太陰化忌，辛年文昌化忌和癸年貪狼化忌等），變成由地支宮位的第三者使用。這是研究斗數的人士企圖在週期現象的基礎上，利用命盤的結構，好像公式般建立個人與其他人士的對應關係，並將四化轉化為用來觀察當事人與不同地支類別的人士之間的規律。

（四）猜與命中率。凶象出現的時間是從週期變化估計。如果單從相同命盤估計，命中率並不高。推演過程實際上將猜的對象逐步收窄，提高命中機會。簡單一點說：一百個同樣命盤的人中可能只70%的人生變化與命盤吻合。（這一點會有人不同意。）七十個命盤吻合的人中，可能只有七個選擇在丙戌大限生孩子。——選擇是現代人才有的，古時的人沒有。七個在庚申年生孩子的人跑去論命，又提出的家宅問題會有多少！？

（五）變化與現象。案例中的凶象是在變化規律衍生的；內容和出現的結果是週期變化以外的猜測。案例中的不同人士推演都以宮位人事性質和宮位內的星曜賦性猜測凶象的內容和結果。這一部份牽涉門派流傳下來的秘傳，個人的知識，推理的方法，甚至個人的直覺和預感等。實際上，即使猜中的人也知道自己只是「猜」，而不是因為現象和結果是既定的。研究斗數是不是需要走入這個層次便見人見智。

（六）命盤結構與解讀。四位人士對命盤有不同的解讀方式。第一、二位人士以出生年地支的宮位作為孩子的命宮。他們使用的推算方法將孩子以出生年的地支歸類。第三位以子女宮定孩子的命宮。

他們觀察那一名孩子會出現凶象用上天盤四化的太陰化忌，以流年天干的四化（文昌化忌）

對孩子命宮的影響推算凶象會在那一年發生。

第三位人士以當事人的子女宮定孩子的命宮，也如第一、二位人士般出現命盤由第三者使用的同樣情況。他以地支宮位的天干四化觀察那一名孩子會出現凶象，流年天干的四化（癸的貪狼化忌）推斷出事的年份，人事宮位的性質猜測凶象會是甚麼和以宮位的天干化忌追踪凶象結果會如何。他使用的地支宮位的天干並不是直接與曆法上的天干的十的週期對應。宮位的天干在編排命盤的時候產生的，與地支週期對應。使用人士企圖利用宮位的編碼，以天干四化的變化規律，塑造個人不同部份，和與其他人之間的關係。

第四位人士的觀察在命盤將問題定位為父子關係，以當事人命盤的子女宮和個人的大限的人事變化為中心；推算那一名會出現凶象用上大限的天干四化，凶象會在那一年發生使用流年的四化（甲子年太陽化忌與乙酉大限的太陰化忌夾丑宮）。他將丑宮用作乙酉大限子女宮的疾厄宮，也有將當事人的命盤借予第三者使用的情況。他以人事宮位的性質推斷會是甚麼事情，而最後在可能出現的現象便用上門派的經驗和現代的知識猜測。（腦震盪的名詞是現代人才有的。）

（七）例子中可以看到按照天干四化的規律已經可以猜測選取的對象的人生甚麼時候可能出現問題。這一種規律從歷史數據產生，也是斗數給人命定的印象和未有充份解釋的部份。過去，很多不同派別或人士再以人生變化的信息為基礎，運用斗數命盤的架構，編訂變化的公式，和好像前三位人士般以公式推算和演繹。他們甚至將斗數從個人的應用層面延伸到其他人。這一類公式到目前仍然未見有現代化的方法說明推演的可信性。天干四化的規律在週期信息之外，也走入了作為一種人事秩序的範圍，也增加了因果假定的意味。是否需要使用則見人見智。

後記

筆者在寫作的過程中有很多難忘的經歷和感受。筆者最大的挑戰莫過於一些老朋友的質詢。「你才算過多少個命，膽敢寫算命的書！」（算命是香港人的用語）筆者倒不擔心這個問題，因為這本書談的是算命的道理，不是算命的方法。有些作者說不知論過多少「千」個命；觀其書的內容，除了強銷「準（時間決定論）」外，看不到有甚麼特別的地方，甚至在「準」上也未能夠充份說明他們為甚麼會猜中。筆者也有很多心儀的作者。他們在命定論和自由意志的爭議之間的論述比較持平。不過，筆者讀完他們的案例的反應是：如果加上「這一點」，解釋就更加完美。「這一點」也成了筆者寫作的動力。

筆者在論命的過程中會幫助朋友們分析人生面對的窘境。最令人感到氣結的是他們對斗數的印象停留在時間決定論，以為斗數可以推算出所有不同選擇的結果，期望筆者推算後會幫他們作出決定。他們太抬舉筆者，也太抬舉斗數！

研究斗數最困難的是找尋參考資料。筆者每次回港都逛逛書店，看看有甚麼新書。「鼎大」的經驗是最令人感到鼓舞的。筆者在找尋最新出版的時候，它的負責人都經常給筆者溫馨的提示：這是北派的新書；那是某某，論夫妻宮有獨到之處；這一位某某門的大師，過去只授徒，不寫作，現在出版了新書……。筆者在節省時間之外也獲益良多。最使筆者感到研究有希望的是在那裡請教一位小師父架上有沒有談專業操守的書或相關的資料。他瞬間跟筆者說「十要十不要」。這一類主張是對業者道德上的要求，未有論及專業知識的科學基礎和服務評估在現代專業操守的角色；但能夠遇上這樣的業者，是筆者的運氣！

很多朋友都關心和鼓勵筆者。他們也替筆者出了不少主意，如要考慮市場的趨勢，讀者的能力，甚至寫作上句子的長短等。最令筆者反思的是一位老前輩問筆者有沒有想過這本書的回報和影響的問題。坦白說，沒有！筆者想：馬克思躲在大英博物館埋頭鑽研經濟材料十二年，相信開始的時候也未曾想過完成後的資本論會成為工人運動的指導思想的基礎。筆者開始這一本書的時候只想在推算人生的道理上略抒己見，完成後卻相信它可以為研究現代斗數的人士提供學理的依據。

寫這一本書是注定的，還是筆者選擇的就留待讀者作出結論。祝大家好運！

犂民

二零一六年十二月二日

心一堂其他課程：易學・術數・養生・太極拳

易學、易占	實用象數易六爻占卜基礎、進階	愚人老師（《增刪卜易之六爻古今分析》作者）	本課程介紹象數易六爻占卜基礎。深入淺出。除理論外，配以六爻占卜實際操作及解卦方法。
	六爻入門、深造、《增刪卜易》理論研討	李凡丁老師（《全本校註增刪卜易》作者）	以《增刪卜易》為經，民間六爻為緯，分易占思維、基礎點竅、事理取用、卦爻結構、作用順序、象法初階等幾方面進行講解。首次公開六爻『流動、卦陣、虛實』三大理論
八字命理	峨眉宗八字命理學及修煉用神（改善運程）	峨眉臨濟宗掌門傳偉中老師指定導師	快速準確掌握八字用神。不單可以通過八字命理「知命」，更可以通過峨眉臨濟宗傳承的獨有修煉用神方法改善運程。
紫微斗數	紫微斗數初班	潘國森老師（《斗數詳批蔣介石》、《潘國森斗數教程》系列作者）	・簡介陰陽五行、星命學、曆法。 ・斗數基礎與局限。命盤十二宮。 ・十四正曜，十四助曜，十干四化，八十雜曜等性質。 ・命格、大運、流年。名人命例。
	紫微斗數高班		十四正曜性質之變化，南北斗中天主星之性質。命身宮與格局，大運流年影響。六親宮位的推斷原則。一百四十四格與十干四化之交涉。以名人命例作教材。並指導學員撰寫簡單批書。
風水	廖氏家傳玄命風水學面授課程（入門班、中級班、高級班）	江西廖氏家傳玄命風水三十七代傳人廖民生老師	本課程系統教授江西興國三僚廖氏過去單傳的風水，包括形勢（巒頭）、理氣的不同用法：〈玄關訣〉、〈斗秘訣〉、〈楊公鎮山訣〉、〈些子訣〉、〈三陽六秀訣〉、〈三合訣〉、〈小玄空訣〉、〈大玄空訣〉……以及擇日等；準確率高達96%以上。
	玄空風水實用初班	李泗達老師（《玄空風水心得》（一）（二）作者）	科學設計課程，深入淺出，一針見血，快速有效。風水基本知識、室內外巒頭、常見風水煞及化解法、元運、量天尺、排山掌訣、玄空飛星盤、四大格局初探、五行擇日、九星初探、簡易斷事、流年風水佈局
	玄空風水高級課程		四大格局精義、合十格局、反伏吟、三般卦、七星打劫、城門訣、兼卦、流年催財訣、流年催桃花訣、流年催官訣
八字命理	八字命理學	段子昱老師（《命理學教材》作者）	從初學、中級到高級，旨在幫助學者瞭解一些命理學所需的基本概念和推算的基本法則，以至於流年吉凶、窮通夭壽。其中八字命理的根本性原理、法則都是經過實踐證明有用、可用的——這些都是先賢發明，今人應該繼承的命學法則。

養生	峨眉十二莊養生功	峨眉臨濟宗掌門傅偉中老師指定導師	博大精深、融匯中醫、氣功、武學、禪修等功法，千錘百鍊，由淺入深。十二莊分別稱為『天、地、之、心、龍、鶴、風、雲、大、小、幽、明（冥）。』十二莊還分為文武兩勢和大小煉形法，根據人身經絡氣脈的順暢程度，運用不同的架勢方法進行鍛煉。益處包括：強健機能，保持悅樂。對各種慢性疾病具有神奇的療理保健作用。習武練功者可迅速加深功境。堅持修煉，可證禪無我境界，身心離苦，得生活藝術大自在。
太極拳、太極內功	汪永泉楊氏太極拳（老六路）內功、行功與揉手	汪永泉傳楊氏太極拳研究會會長	太極拳內練的功法。過去多是秘傳，知者甚少。根據楊建侯宗師再傳弟子汪永泉先生傳承的講法『內功太極拳（老六路），其獨特之處，不僅在招式，當中有動有靜，著重內功。根據行者的年齡、身體情況、練習招或術、養生或技擊等，姿勢可以大或小，高或低，快或慢……太極拳本無特定之招式，為教學之故，非不得已通過招式、套路、推手（揉手）、器械等去掌握內功與外形的配合、陰陽動靜等。』

報名、查詢：心一堂

電話：（八五二）六七一五〇八四〇
地址：香港九龍旺角西洋菜街南街5號 好望角大廈1003室
電郵：sunyatabook@gmail.com
網址：http://institute.sunyata.cc
Facebook: www.facebook.com/sunyatabook

心一堂術數古籍珍本叢刊　第一輯書目

占筮類			
1	擲地金聲搜精秘訣	心一堂編	沈氏研易樓藏稀見易占秘鈔本
2	卜易拆字秘傳百日通	心一堂編	
3	易占陽宅六十四卦秘斷	心一堂編	火珠林占陽宅風水秘鈔本
星命類			
4	斗數宣微	【民國】王裁珊	民初最重要斗數著述之一；未刪改本
5	斗數觀測錄	【民國】王裁珊	失傳民初斗數重要著作
6	《地星會源》《斗數綱要》合刊	心一堂編	失傳的第三種飛星斗數
7	《斗數秘鈔》《紫微斗數之捷徑》合刊	心一堂編	珍稀「紫微斗數」舊鈔
8	斗數演例	心一堂編	秘本
9	紫微斗數全書（清初刻原本）	題【宋】陳希夷	斗數全書本來面目；有別於錯誤極多的坊本
10-12	鐵板神數（清刻足本）——附秘鈔密碼表	題【宋】邵雍	無錯漏原版 秘鈔密碼表　首次公開！
13-15	蠢子數纏度	題【宋】邵雍	蠢子數連密碼表 打破數百年秘傳　首次公開！
16-19	皇極數	題【宋】邵雍	清鈔孤本附起例及完整密碼表 研究神數必讀！
20-21	邵夫子先天神數	題【宋】邵雍	附手鈔密碼表 研究神數必讀！
22	八刻分經定數（密碼表）	題【宋】邵雍	皇極數另一版本；附手鈔密碼表
23	新命理探原	【民國】袁樹珊	子平命理必讀教科書！
24-25	袁氏命譜	【民國】袁樹珊	民初二大命理家南袁北韋
26	韋氏命學講義	【民國】韋千里	
27	千里命稿	【民國】韋千里	北韋之命理經典
28	精選命理約言	【民國】韋千里	
29	滴天髓闡微——附李雨田命理初學捷徑	【民國】袁樹珊、李雨田	命理經典未刪改足本
30	段氏白話命學綱要	【民國】段方	民初命理經典最淺白易懂
31	命理用神精華	【民國】王心田	學命理者之寶鏡

32	命學探驪集	【民國】張巢雲	發前人所未發 稀見民初子平命理著作
33	澹園命談	【民國】高澹園	
34	算命一讀通——鴻福齊天	【民國】不空居士、覺先居士合纂	
35	子平玄理	【民國】施惕君	
36	星命風水秘傳百日通	心一堂編	
37	命理大四字金前定	題【晉】鬼谷子王詡	源自元代算命術
38	命理斷語義理源深	心一堂編	稀見清代批命斷語及活套
39－40	文武星案	【明】陸位	失傳四百年《張果星宗》姊妹篇 千多星盤命例 研究命學必備
相術類			
41	新相人學講義	【民國】楊叔和	失傳民初白話文相術書
42	手相學淺說	【民國】黃龍	民初中西結合手相學經典
43	大清相法	心一堂編	重現失傳經典相書
44	相法易知	心一堂編	
45	相法秘傳百日通	心一堂編	
堪輿類			
46	靈城精義箋	【清】沈竹礽	沈氏玄空遺珍 玄空風水必讀
47	地理辨正抉要	【清】沈竹礽	
48	《玄空古義四種通釋》《地理疑義答問》合刊	沈瓞民	
49	《沈氏玄空吹虀室雜存》《玄空捷訣》合刊	【民國】申聽禪	
50	漢鏡齋堪輿小識	【民國】查國珍、沈瓞民	
51	堪輿一覽	【清】孫竹田	失傳已久的無常派玄空經典
52	章仲山挨星秘訣（修定版）	【清】章仲山	章仲山無常派玄空珍秘 門內秘本首次公開 沈竹礽等大師尋覓一生末得之珍本！
53	臨穴指南	【清】章仲山	
54	章仲山宅案附無常派玄空秘要	心一堂編	
55	地理辨正補	【清】朱小鶴	玄空六派蘇州派代表作
56	陽宅覺元氏新書	【清】元祝垚	簡易・有效・神驗之玄空陽宅法
57	地學鐵骨秘 附 吳師青藏命理大易數	【民國】吳師青	釋玄空廣東派地學之秘
58－61	四秘全書十二種（清刻原本）	【清】尹一勺	玄空湘楚派經典本來面目 有別於錯誤極多的坊本

62	地理辨正補註 附 元空秘旨 天元五歌 玄空精髓 心法秘訣等數種合刊	【民國】胡仲言	貫通易理、巒頭、三元、三合、天星、中醫
63	地理辨正自解	【清】李思白	公開玄空家「分率尺、工部尺、量天尺」之秘
64	許氏地理辨正釋義	【民國】許錦灝	民國易學名家黃元炳力薦
65	地理辨正天玉經內傳要訣圖解	【清】程懷榮	秘訣一語道破，圖文并茂
66	謝氏地理書	【民國】謝復	玄空體用兼備、深入淺出
67	論山水元運易理斷驗、三元氣運說附紫白訣等五種合刊	【宋】吳景鸞等	失傳古本《玄空秘旨》《紫白訣》
68	星卦奧義圖訣	【清】施安仁	
69	三元地學秘傳	【清】何文源	三元玄空門內秘笈 清鈔孤本 過去均為必須守秘不能公開秘密 與今天流行飛星法不同
70	三元玄空挨星四十八局圖說	心一堂編	
71	三元挨星秘訣仙傳	心一堂編	
72	三元地理正傳	心一堂編	
73	三元天心正運	心一堂編	
74	元空紫白陽宅秘旨	心一堂編	
75	玄空挨星秘圖 附 堪輿指迷	心一堂編	
76	姚氏地理辨正圖說 附 地理九星并挨星真訣全圖 秘傳河圖精義等數種合刊	【清】姚文田等	蓮池心法 玄空六法 門內秘鈔本首次公開
77	元空法鑑批點本——附 法鑑口授訣要、秘傳玄空三鑑奧義匯鈔 合刊	【清】曾懷玉等	
78	元空法鑑心法	【清】曾懷玉等	
79	蔣徒傳天玉經補註	【清】項木林、曾懷玉	
80	地理學新義	【民國】俞仁宇撰	揭開連城派風水之秘
81	地理辨正揭隱（足本） 附連城派秘鈔口訣	【民國】王邈達	
82	趙連城傳地理秘訣附雪庵和尚字字金	【明】趙連城	
83	趙連城秘傳楊公地理真訣	【明】趙連城	
84	地理法門全書	仗溪子、芝罘子	巒頭風水，內容簡核、深入淺出
85	地理方外別傳	【清】熙齋上人	巒頭形勢、「望氣」「鑑神」
86	地理輯要	【清】余鵬	集地理經典之精要
87	地理秘珍	【清】錫九氏	巒頭、三合天星，圖文並茂
88	《羅經舉要》附《附三合天機秘訣》	【清】賈長吉	清鈔孤本羅經、三合訣法圖解
89－90	嚴陵張九儀增釋地理琢玉斧巒	【清】張九儀	清初三合風水名家張九儀經典清刻原本！

91	地學形勢摘要	心一堂編	形家秘鈔珍本
92	《平洋地理入門》《巒頭圖解》合刊	【清】盧崇台	平洋水法、形家秘本
93	《鑒水極玄經》《秘授水法》合刊	【唐】司馬頭陀、【清】鮑湘襟	千古之秘，不可妄傳匪人
94	平洋地理闡秘	心一堂編	雲間三元平洋形法秘鈔珍本
95	地經圖說	【清】余九皋	形勢理氣、精繪圖文
96	司馬頭陀地鉗	【唐】司馬頭陀	流傳極稀《地鉗》
97	欽天監地理醒世切要辨論	【清】欽天監	公開清代皇室御用風水真本
三式類			
98-99	大六壬尋源二種	【清】張純照	六壬入門、占課指南
100	六壬教科六壬鑰	【民國】蔣問天	由淺入深，首尾悉備
101	壬課總訣	心一堂編	過去術家不外傳的珍稀六壬術秘鈔本
102	六壬秘斷	心一堂編	
103	大六壬類闡	心一堂編	
104	六壬秘笈——韋千里占卜講義	【民國】韋千里	六壬入門必備
105	壬學述古	【民國】曹仁麟	依法占之，「無不神驗」
106	奇門揭要	心一堂編	集「法奇門」、「術奇門」精要
107	奇門行軍要略	【清】劉文瀾	條理清晰、簡明易用
108	奇門大宗直旨	劉毗	
109	奇門三奇干支神應	馮繼明	天下孤本 首次公開
110	奇門仙機	題【漢】張子房	虛白廬藏本《秘藏遁甲天機》
111	奇門心法秘纂	題【漢】韓信（淮陰侯）	奇門不傳之秘 應驗如神
112	奇門廬中闡秘	題【三國】諸葛武侯註	
選擇類			
113-114	儀度六壬選日要訣	【清】張九儀	清初三合風水名家張九儀擇日秘傳
115	天元選擇辨正	【清】一園主人	釋蔣大鴻天元選擇法
其他類			
116	述卜筮星相學	【民國】袁樹珊	民初二大命理家南袁北韋
117-120	中國歷代卜人傳	【民國】袁樹珊	南袁之術數經典

心一堂術數古籍整理叢刊

全本校註增刪卜易	【清】野鶴老人	李凡丁（鼎升）校註
紫微斗數捷覽（明刊孤本）附點校本	傳【宋】陳希夷	馮一、心一堂術數古籍整理小組點校
紫微斗數全書古訣辨正	傳【宋】陳希夷	潘國森辨正
應天歌（修訂版）附格物至言	【宋】郭程撰　傳	莊圓整理
壬竅	【清】無無野人小蘇郎逸	劉浩君校訂
奇門祕覈（臺藏本）	【元】佚名	李鏘濤、鄭同校訂
臨穴指南選註	【清】章仲山原著	梁國誠選註

心一堂當代術數文庫

增刪卜易之六爻古今分析	愚人
命理學教材（第一級）	段子昱
斗數詳批蔣介石	潘國森
潘國森斗數教程（一）：入門篇	潘國森
紫微斗數不再玄	犂民
玄空風水心得（增訂版）（附流年催旺化煞秘訣）	李泗達
玄空風水心得（二）——沈氏玄空學研究心得（修訂版）附流年飛星佈局	李泗達
廖氏家傳玄命風水學（一）——基礎篇及玄關地命篇	廖民生
廖氏家傳玄命風水學（二）——玄空斗秘篇	廖民生
廖氏家傳玄命風水學（三）——楊公鎮山訣篇附斷驗及調風水	廖民生
廖氏家傳玄命風水學（四）——秘訣篇：些子訣、兩元挨星、擇吉等	廖民生